世上許多不幸，

源自……沒有說出口的事。

房間裡的大象

日常生活中的緘默與縱容

THE ELEPHANT IN THE ROOM

Silence and Denial in Everyday Life

EVIATAR ZERUBAVEL

伊唯塔．傑魯巴維——著 黃佳瑜——譯

獻給諾姆（Noam）

對於他敢看、敢聽、敢說的勇氣，我由衷佩服。

目次

｜序｜

人，為什麼集體沉默

這本書的種子，遠在我童年時期就埋下了。在我成長的屋子裡，每個房間都躲著某種觸碰不得的「大象」*，身旁總是圍繞著儘管大家心知肚明、卻始終不說出口的「公開的祕密」。

一九五〇年代，在我所成長的台拉維夫（Tel Aviv），也是如此。在這城市的某些地區，非猶太人在一九四八年以前的生活，所留存下來的，大體只剩阿拉伯地名了**。多年以後，我目睹一些人為了抗拒他人粉碎「大象」的企圖，而選擇集體沉默並因此吃盡苦頭，益發讓我對「親身經歷的事情」與

「公開承認的事情」之間的微妙張力，產生了莫大興趣。

然而，最終驅使我撰寫這本書的，是我在擔任博士班主任期間的一段特殊經驗。一九九八年春，我被迫處理一連串威脅著系上倫理與社會結構的棘手事件。這起事件，儘管眾人皆知且深植於心，但在恐懼與羞愧的交互影響下，許多同仁居然公開地視若無睹。他們對於這起事件的反應，和這起事件本身一樣，都讓我苦惱，卻也同時引發我智性上的好奇。我曾經寫過關於「察覺過程」（process of noticing）社會面的論文，因此我對「忽視過程」（process of ignoring）的社會面，開始產生越來越濃厚的興趣。至於沉默對個人以及群體所造成的、至今仍難下定論的長遠影響，我也有越來越深入的認識。

隔年，我在系上所主辦的一場全國性研討會中，發表了我對「沉默與否認的社會結構」的初步看法。我的談話引發熱烈回響，但出席那場演說的十幾位同事當中，事後只有兩位向我提及這件事；這正好證明我的論點，也就是：我們通常不願意公開談論「不談論」這件事。三年後，二〇〇二年十一月，我開始著手寫這本書。

希伯來文的「沉默」與「癱瘓」，源自同一字根

南茜・瑞恩（Nancy Raine）在她的回憶錄《沉默之後》（*After Silence: Rape and My Journey Back*）中，描述了書寫沉默是一樁多麼艱難的任務，因為，「書寫」這動作本身，往往會觸碰到沉默這主題的痛處。的確，這雖是我的第九本

---

*編按：房間裡的大象（the elephant in the room），西諺，意指明明有象，人們卻視而不見，刻意忽略，當它不存在，用來比喻每個人都知道，卻不願提及或面對的議題或事件。

**編按：一九四八年五月，在巴勒斯坦的猶太人發表獨立宣言，宣布建立以色列，並定台拉維夫為首都。建國後的以色列推行擴張主義，把原先土生土長的阿拉伯人趕出家園，迫使他們淪為難民。

書，卻也是最難下筆的一本。許多日子裡，我整天寫了又改、改了又寫那些對我而言顯然會引發過多聯想的句子之後，我頓時領悟，為什麼希伯來文中的「沉默」與「癱瘓」，竟然源於同一個字根。

這本書，寫的是沉默，但與他人對話仍然是必要的，我要特別感謝 Kathy Gerson、Debby Carr、Jenna Howard、Ruth Simpson、Ira Cohen、Allan Horwitz、Ethel Brooks、Miriam Bauer、Dan Ryan、Karen Cerulo、Ellen Idler、Carolyn Williams 及 Suzanne Zatkowsky，他們讓我不致被周遭這股迫人且痛苦的沉默徹底吞沒。

感謝 Yael Zerubavel、Ruth Simpson、Debby Carr、Tom DeGloma、Dan Ryan、Chris Nippert-Eng、Kathy Gerson、Jenna Howard、Arlie Hochschild、Lynn Chancer、Allan Horwitz、Samantha Spitzer、Kari Norgaard、Johanna Foster 及 Wayne Brekhus 熱心審閱文本初稿，並且提供許多有用的改進建議。構想演變過程中，我跟子女 Noga 及 Noam Zerubavel，以及 Kristen Purcell、Anat Helman、Kathryn

Harrison、Carolyn Barber、Viviana Zelizer、Robin Wagner-Pacifici、Jan Lewis、Doug Mitchell、Frances Milliken、Ann Mische 和 Zali Gurevitch 等人的討論，也使我受益匪淺。感謝我的編輯 Tim Bartlett，他協助我以廣大讀者較能接受的方式發表我的見解；感謝古根漢紀念基金會（John Simon Guggenheim Memorial Foundation），他們的二〇〇三年研究經費加上羅格斯大學（Rutgers University）慷慨的補貼，讓我能告假一年，全心全意撰寫這本書。我也欠 Paula Cooper 一聲謝謝，她把這份稿子潤飾得好極了。

最後，我要對我的妻子、伴侶兼終身摯友 Yael Zerubavel 獻上特別的謝意，在這趟漫長而艱巨的旅程中，感謝有你一路相伴。謝謝你不沉默的理解與支持。

二〇〇五年六月

新澤西州東布朗斯維克（East Brunswick）

我們這一代人必將感到悔恨，
不單單為了惡人可憎的言行，
也為了好人可怕的緘默。

馬丁．路德．金恩〈伯明罕獄中信〉一九六三年四月十六日
（Martin Luther King Jr., "Letter from Birmingham Jail"）

房間裡的大象

第1章 我們都知道，但我們不說

隱藏在眾目睽睽下的真相

儘管我明白蕾絲阿姨知道我被強暴了，而且當然，她也很清楚我知道媽媽跟她說了，可是我們從來不談這件事。我從未提起，她也三緘其口。

——南茜・瑞恩《沉默之後》

在「我知道」與「公開承認我知道」之間……

有一則盛傳於十四世紀卡斯提爾的民間故事，內容是關於摩爾國王如何遭到三名騙徒愚弄，誤信他們正在為他編織的閃亮新衣，「私生子」是無法看見的。被派去視察進度的僕役，不好意思承認自己看不見美麗的布料，只好謊稱「工作進度良好」；沒多久，第二名僕役回報，說法也跟前一位相同。國王隨後親自前往視察，他擔心要是承認自己什麼也沒看見，搞不好會因此失去正統性，進而丟掉江山，於是，居然也極盡能事讚美這塊看不見的布料。這一來，使得滿朝大臣也同樣滿口溢美之詞。可以想見，這讓國王對於自己無法看見布料這件事，更加感到難堪。

當另一名恥於承認自己其實一無所見的奉承者，再度替這場騙局背書之後，國王驕傲地騎乘入城，展示他那套想像出來的新衣。而儘管所有人都看不見，但是「大家都以為鄰居看見了，如果自己看不見，而且說出來，那麼勢必會名譽掃地」。最後，終於有一名勇敢的男人對國王說：「如果不是我瞎了眼，就是你一絲不掛。」很快的，「所有人議論紛紛，直到國王與其他人都接受了真相。」[1]

五世紀以後，安徒生（Hans Christian Andersen）重述這則可愛的故事，傳誦一時。安徒生基本上維持故事原意，只在幾處地方稍事更動，例如將看不見布料的原因，從「私生子」改成「愚昧者」，並且將揭發者從一個非洲男人，換成天真無邪的孩子。跟原作者璜·馬努葉（Don Juan Manuel）一樣，安徒生特別受到故事中「我知道」與「公開承認我知道」之間，躍然紙上的基本張力所吸引：「『真了不起！真美！太棒了！』人人異口同聲，雖然沒有任何一雙眼睛看見了任何東西。」[2]正是基於裡與外、認知與表達之間如此強烈的不協調，才使得〈國王的新衣〉這般引人入勝。

一群人心照不宣地，佯裝沒看見彼此心知肚明的某件事

這則故事，凸顯了一個有趣的社會現象——「沉默的串謀」（conspiracy of silence），也就是：一群人心照不宣地，佯裝沒看見大家都心知肚明的某件事。

比方說，美國南北戰爭前，南方奴隸主與奴隸之間的私通關係；或是當今美國校園內，存在著許多半文盲學生運動員[3]。這些實際上大家都知道、卻幾乎從未公開被提及或討論的「公開的祕密」，套句自由派經濟學者保羅·克魯曼（Paul Krugman）的話來說，是「隱藏在眾目睽睽之下，令人不安的真相」[4]。

這類「沉默的見證」（silent witnessing）最大的特色，在於每位串謀者對公開的祕密都了然於胸，卻對公然談論裹足不前[5]。正是這種「知道」與「承認知道」、「心裡明白」與「公開談論」之間所存在的基本張力，讓〈國王的新衣〉成了如此發人深省的社會生活寫照。

為了更深入理解一個人如何能其實知道，卻又同時不知道某件事情（至少在公開情況下如此），這裡我援引「否認」（denial，或稱為「拒絕承認」）的概念，來幫助理解[6]。不過，佛洛伊德當初提出這個概念，指的是純粹的個人內在現象，我則加以延伸，著重的不是心理學層面，而是社會學[7]。

接下來我們將談到，「否認」可以是個人行為，也可以是集體合作的結果。凱薩琳・哈里遜（Kathryn Harrison）在她的回憶錄《罪之吻》（*The Kiss*）中，試圖透過「選擇性自我麻痺」，壓抑她對自己與父親之間日益攙雜性愛成分的覺察，這使得她「對某些事清醒，對另一些事情麻木不仁」。雖然這種「否認機制」只存在她的心理，但是當她把這番話告訴男友，而震驚中的男友也跟她一起選擇遺忘，我們就可以看見一種「共同拒絕承認事實」的串謀[8]。心理學家想要弄清楚的，是一個人如何阻擋特定訊息進入自己的意識，而我要分析的則是：人們如何集體阻擋特定訊息被公開談論。

處於「否認」狀態的人，往往出現一種類似感官封閉的現象，我們經常以「麻木」（numbness），來形容這種狀態。我們常用「盲點」、「別過頭去」和「視而不見」等說法，顯示我們似乎認為，只要眼不見，就可以不掛心。難怪，一提起「否認」，我們就會聯想到「盲目」（正如一位亂倫受害者對於家人未能公開承認她的處境所做的描述：「在我父親屋簷底下，每個人都是瞎子。」[9]）。當伊底帕斯（Oedipus）*發現到自己的否認之深時，就是選擇刺瞎了自己的雙眼。從這角度來看，就不難理解為什麼我們會「充耳不聞」，或是偶爾會捂住耳朵，彷彿要阻擋訊息進入我們的腦海。

然而，我們不只會用肢體動作拒絕「接受」資訊，也會用肢體動作拒絕「傳

---

*譯註：希臘神話中底比斯王子的名字，他在無意間弒父娶母，演成亂倫悲劇。

遞」資訊。咬住舌頭（biting one's tongue，指保持緘默），以及失言之後掩住嘴巴的習慣動作，意味著當我們不想承認自己知道某件事的時候，最簡單的方法，就是保持沉默。

沉默，是一種最公然的「否認」

沒錯，沉默，正是一種最公然的「否認」。

共同否認（mutual denial），則是沉默串謀的前提，也就是：至少得有兩個人共同合作，拒絕承認某件事情。美國軍方對同性戀議題採取「不問不說」的政策，就是絕佳範例。史東（I. F. Stone）*曾說，得有兩個人，才能「跳那支熟悉的共謀探戈——一個人不說，另一個人不問」[10]。那三隻「非禮勿視、非禮勿聽、非禮勿言」的猴子，就常被人們拿來當作這種「串謀」的象徵。

著名的日本傳統三尊智猴[11]，完美體現了盲、聾、啞三者之間的共生關係。這三隻猴子永遠如影隨形，似乎也在提醒我們，要研究「沉默的串謀」，必須以家庭、組織和團體等社會體系為背景。不過，研究特定社會結構下的否認，也能幫助我們了解，不同的社會關係（例如階級化程度）和社會處境（如公開化程度），如何影響人們參與串謀的可能性。誠如伊麗莎白．莫瑞森（Elizabeth Morrison）與法蘭西絲．彌利肯（Frances Milliken）所言，「想像組織裡有個沒穿衣服的CEO。這CEO沒穿衣服，大家都知道……然而組織上下從來不提這一點……只有在關起門之後，他們才會暗地裡竊竊私語，議論著老闆的一絲不掛……只有笨蛋或天真的人，才敢公開談論這件事。」[12]簡言之，沉默的串謀，

＊譯註：美國知名記者，曾創辦《史東週報》，一生奉行調查真相、報導真相的精神，被美國新聞界視為典範。

已經是人們的社會關係中，一種既定的模式。

有時，否認是為了逃避痛苦

許多心理學家表示，否認，源自於「逃避痛苦」的需求。當出現某件惱人的事、威脅著我們的心理健康時，我們經常會啟動內心的閘門，阻止那些會讓我們不安的訊息進入自己的意識。對於這一點，電影《父女情》（*Music Box*）刻畫入裡：電影中，孝順的女兒在面對越來越多證據，指向父親在大戰期間曾犯下殘暴罪行時，想盡辦法辯解，設法為父親找藉口脫罪。

在被用來「否認」某件事的時候，「保持沉默」確實能幫助我們免除痛苦。**那些「可怕到言語無法形容」的事情，的確往往讓人們說不出口，這也就是為什麼，暴行的周圍，經常會籠罩著凝重的沉默。**「我們不談那些事情……因為那太恐怖了。」[13]舉例來說，許多納粹大屠殺餘生者，都會避免跟子女提及他們的創傷經驗，以免勾起巨大的痛苦。於是，在那「不可說的年代」死去的祖父母及兄弟姊妹們，就這樣，被埋藏在沉默的被褥底下[14]。

有些倖存者會用「那場戰爭」（the war）[15]，來指稱他們在納粹集中營裡的恐怖經驗。如果能從這類委婉的措辭中，找出人們不願提起的話題，就會有助於揭露沉默的串謀。不過，從這些委婉措辭中，我們也可以發現，創傷只是造成沉默的因素之一。許多沉默的串謀，還源自於另外兩個原因——恐懼與尷尬[16]。

性愛，病危，戰爭，大屠殺——你敢點破嗎？

面臨恐懼，我們經常也會選擇拒絕相信。

一開始傳出納粹殘殺猶太人的消息時，許多歐洲猶太人把這項傳聞斥為彌天大謊[17]，造成的結果是，沒有人敢開口提起那些令人毛骨悚然的消息[18]。正如難以計數的旁觀者，默默目睹著納粹公然執行「最終解決方案」（Final Solution）*，這個令人寒心的例子，顯示生活在警察國家的人民，越來越怯於跟其他人交談，不敢公開點破生活周遭的酷政暴行[19]。

此外，在病危（我們通常會說「等事情結束」）、死亡（我們不直接說死，而是用「走了」、「離開」）等話題中，之所以經常充斥著委婉措辭，恐懼也是主因之一，核戰陰影周圍總是籠罩著不祥的靜默[20]，原因也在此。

性，也經常被視為多少帶有威脅性、不可觸碰的話題。一名前神學院學生以天主教神職人員的性生活為例（遑論其中經常發生的、同性之間的性行為），描述出圍繞在其四周令人噤聲的沉默：

神學院對於聖潔的教誨……包含了警告、勸誘、威脅、嘲諷，卻未曾加以說明，諱莫如深……每當有人被開除學籍，有關性議題的緊繃沉默，就變得益發顯眼。有人因無法服從禁欲天職而被遣走時，校方幾乎不置一辭。學生憑空消失；唱詩班席位被靠攏填滿，宿舍床位被收拾乾淨，立刻有別人住進來……〔性〕太嚇人、太齷齪或太具威脅性，讓人無法說出口。[21]

然而，正如私生子、少女懷孕或外遇出軌等不好大聲張揚的事件[22]，性愛四周的沉默，也源自於羞恥，一如最初籠罩在大屠殺事件上的沉默（例如，在一九五〇年代，德國兒童通常避免詢問他們的父親，在大戰期間從事什麼工作，而學校傳授的德國史，也往往「止於俾斯麥」時代[23]）。

＊譯註：德國納粹政府於一九四一年下達「最終解決方案」政策，開始大規模屠殺猶太人。

當醫生發現老邁的同事失去臨床判斷能力……

不過，沉默的起因，也可能是情節比較輕微的羞恥——我們稱之為尷尬[24]。例如，當一群教授必須評鑑一位人緣很好、卻顯然績效不彰的同仁；當牧師發現教區裡出現家暴事件；或者當醫生注意到老邁的同事失去了臨床判斷能力[25]。此外還有自殺、精神失常或家人酗酒等禁忌話題，例如一名幼童「跟母親和弟弟回到家，發現父親醉臥客廳，家具東倒西歪，碗盤散落一地……大夥兒不發一語，靜靜收拾……隔天早晨也沒有提起這件事」[26]。

同樣鮮明的例子，還包括以色列官方絕口不提獨立戰爭期間，遭到摧毀的阿拉伯村落；對於愛爾蘭裔美國人暗中資助愛爾蘭人在英國發動恐怖攻擊，以及美國資深參議員羅伯·柏德（Robert Byrd）曾是三K黨員的事實，美國媒體也顯得漠不關心。循此線類推，再想想一九三〇年代，西方知識分子對於史達林暴政

（或者阿拉伯知識分子對於伊拉克在一九九〇年粗暴占領科威特）的沉默；以及非洲國家領袖顯然裹足不前，不願公開談論辛巴威總統穆加比（Robert Mugabe）人權紀錄不良的事實[27]。

這些由痛苦、恐懼、羞恥與尷尬所導致的種種沉默串謀，各有不同特性，當然，這是經過嚴謹分析出來的。畢竟，如我們所見，圍繞在大屠殺周圍的沉默，其實是痛苦、恐懼與羞恥的共同產物。攙雜著恐懼與尷尬所引發的沉默，不只是發生在能力不好的員工身上，就算是老闆的兒子，也可能出現同樣的情況。

The sound of silence，震耳欲聾！

語言學家以及其他研究人類溝通體系的學者一再指出：沉默，其實是「（我們）溝通體系的一環，重要的程度，與語言不分軒輊」。**保持沉默，是一種積極**

的表現，它「既非啞口無言，也不是單純聽不到聲音而已」，而是「填補了談話間的停頓、裂痕與缺口」[28]。的確，誠如保羅・賽門（Paul Simon）在他紅極一時的歌曲中暗示的，沉默其實「明確無誤的發出了聲音」。

人們有時會以「厚重」、「震耳欲聾」、「深沉」或「響亮」來形容沉默，這些形容詞似乎暗示著，沉默比言語更擲地有聲。一名大屠殺倖存者拗不過女兒多年來的懇求，要她訴說有關死於納粹之手的親戚，最後，她寄給女兒的，是四頁幾乎空白的紙張[29]。

更確切地說，沉默，往往盤繞著沒有說出口的話。「她究竟藏了哪些話沒說？」另一位大屠殺倖存者的女兒，心底對母親產生了這樣的疑問[30]。而在電影《等待彌賽亞》（*Waiting for the Messiah*）中，當父親被兒子問起，他們該拿家中財務問題怎麼辦時，做父親的回答：「別跟你媽說，也只能這樣了。」

雷奧尼・安德列葉夫（Leonid Andreyev）的短篇小說〈沉默〉（Silence），

特別對照「寂靜」（純粹少了噪音）跟「沉默」（那些默不作聲的人……若是願意，也可以選擇開口）之間的不同[31]。也就是說，沉默，並不等於沒有行動，因為我們其實在積極地迴避我們保持沉默的事。

舉例來說，美國當今的自由派言論，小心翼翼地迴避明顯的種族標籤，其實就是刻意壓抑種族意識所導致的產物[32]。諷刺的是，如此的刻意迴避，反而可能導致反效果。如同平．克勞斯貝（Bing Crosby）在電影《鄉下姑娘》（*The Country Girl*）接近片尾時，冷不防發現妻子與自己的摯友變得何其親密，奚落地說：「比起兩個人深深注視對方，更顯而易見的，莫過於彼此迴避日光。」

大家都有意無意地……繞過房間裡的大象

和沉默一樣，否認，也是一種積極的迴避。相對於單純「沒留意到」某件事，「否認」是刻意克制自己去「留意到」某件事[33]。有些事情其實很重要，但人們卻會用「否認」，來拒絕承認這件事情的存在。這提醒了我們，沉默的串謀，並非圍繞著我們不小心忽略的、大體上難以察覺的事情，相反的，這類串謀其實是以我們刻意迴避、顯而易見的事情為中心[34]。

這解釋了為什麼越來越多人用「大象」，來比喻此類串謀所意圖隱瞞的主題，好比以下這則語帶嘲諷的短文，就一針見血地揭穿二〇〇〇年美國總統大選期間的集體否認：

> 你不會從媒體報導中得知，然而在副總統角逐者迪克・錢尼（Dick Cheney）和喬・李柏曼（Joe Lieberman）最近這場昏沉沉、軟綿綿的辯論中，會場這間舒適的房間裡存在著一頭吸光所有氧氣的大象……這頭大象不是別人，正是錢尼那原本直率且公開承認自己同性戀傾向、近來卻躲得無影

無蹤的女兒瑪莉。鬼魅般的大象坐在兩位候選人之間，發狂地蜷起又舒展她的大長鼻，等待當晚最重大的問題浮現。「參議員，請談談性取向。」大象發出吼叫，可是兩位候選人、一板一眼的辯論會主持人——CNN的伯納．蕭（Bernard Shaw），以及全國媒體，全當她不存在。[35]

同樣發人深省的，還有這本標題貼切、旨在協助酗酒者子女的手冊——《客廳裡的大象》（*An Elephant in the Living Room*）。書中以大象形容遭到家人集體否認，卻在家庭生活中無處不在的酗酒問題：

想像一間尋常的客廳——椅子、沙發、茶几、電視，以及居中坐著的一頭**巨大灰象**……再想像住在這間屋子裡的人——一個孩子、母親和（或）父親，也許還有幾個兄弟姊妹。家中所有成員每天都得數度穿越客廳，孩子看著他們非常……小心謹慎地……繞過這頭**大象**，避開牠那搖晃的長鼻和巨大的四肢。由於從沒有人開口談論這頭**大象**，孩子知道她也不應該提起。於是她不說，沒對任何人說起。[36]

正由於大象體型壯碩，讓人想不看見也難，才會有類似這樣的笑話：「如何發現冰箱裡有一頭大象？因為奶油上印著腳印啊！」或者電影《馬戲風雲》（*Billy Rose's Dumbo*）裡的一幕：吉米．杜朗頓（Jimmy Durante）試圖把大象藏起來卻被抓個正著，有人問起他這件事，他卻回答：「什麼大象？」誠然，正是基於大象龐然的身軀，才使得把牠們藏在冰箱或背後可悲的努力，顯得如此荒誕無稽。

如同故事裡國王裸露的身體，任何人只要願意睜開雙眼，肯定都可以看見「屋裡的大象」。也就是說，假使有人沒注意到它，一定是在故意迴避，不然，是不可能沒看到它的。忽視大象，就等於忽視顯而易見的事實。

那頭發出吼叫、噴著鼻息、放著屁的長毛大象……

「屋裡的大象」於是用來象徵每個人都知道，可是卻沒人願意公開承認知道的任何主題或事件。正因如此，「屋裡的大象」成了指涉人們串謀保持沉默的「公開祕密」。

例如，針對小布希總統的經濟顧問對美國經濟前景的樂觀描述，彷彿是在呼應《巴爾的摩太陽報》的漫畫（見下頁），一位眾議院預算委員會成員揶揄地指出：「他們統統對屋裡的大象視若無睹，完全忽略了一個事實：小布希口口聲聲要將國家帶回收支平衡的道路，但他卻是近年來，第一位上任時國庫仍有盈餘的總統……」[37]同樣的，英國作家馬丁·艾米斯（Martin Amis）則是以「克里姆林客廳裡的大象——那頭發出吼叫聲、噴著鼻息、放著屁的長毛大象」[38]，來描述圍繞在史達林恐怖暴政四周的沉默是多麼囂張跋扈。

©2003《巴爾的摩太陽報》(*The Baltimore Sun*)

類似的形容，也曾被用來嘲諷那些否認槍枝與暴力之間有任何關聯的人。同樣的，對於柯林頓總統在一九九八年陸文斯基（Monica Lewinsky）醜聞案爆發不到一個星期（更別提一九九九年彈劾案審判期間），還能發表國情咨文的幾近超現實能力，許多政治評論家在驚訝之餘，也紛紛訴諸類似的意象：

> 屋裡有一頭大象，但是講台上的男人對此未置一辭。有關白宮性醜聞案的指控彷彿一個厚臉皮的不速之客，端坐在議院殿堂上。在場人士都知道它的存在，可是柯林頓總統無意談論它。在這場七十二分鐘的演說當中，柯林頓總統從社會福利談到網際網路，無所不包，就是不提有關陸文斯基的隻字片語。電視攝影機從未捕捉到屋裡的大象，柯林頓總統當然也不會主動提起。可是總統在週二發表國情咨文演說期間，那頭象徵性的大象——柯林頓的彈劾

案，幾乎無所不在。

把彈劾案與總統演說時間切割開來，猶如在屋裡出現了一頭大象……龐大、無可否認，但是人們假裝它不存在。[39]

家庭在串謀，組織在串謀，國家也在串謀

可以想見，我們的社會漠視或刻意迴避的事情，往往也會被學術界漠視或迴避[40]，因此，沉默的串謀至今仍是個理論發展不全、研究不夠深入的現象。再加上，沉默的串謀通常來自某種「沒發生的事情」（nonoccurrence），而按照定義，沒發生的事情是很難觀察的。畢竟，研究人們討論些什麼，比研究他們「沒討論」什麼容易許多（更別提要區分「單純沒提及」跟「刻意迴避」之間的差

異，難度有多高了）[41]。

然而，儘管困難重重，仍有一些學者嘗試研究沉默的串謀。截至目前為止，那些研究的重心，全都局限在人們如何集體迴避某些特定議題，例如種族、同性戀、核滅的威脅，或者納粹大屠殺。

不過，迄今還沒有人企圖超越個案的特異性，把這類的串謀視為一般現象來加以研究[42]。很可惜，研究家庭祕密的學者，與研究國家祕密的學者之間缺乏交流對話，而女性主義者針對沉默現象的書寫，則幾乎遺忘了非二元性別者的相關面向。這樣的隔閡自然有礙我們發現，就集體否認躋身我們之間的「大象」而言，夫妻、組織甚至整個國家的行為模式，存在著驚人的相似性。要找出其中的相似點，我們可以忽略人們串通保持沉默的特定「內容」，而將重心放在串謀的「形式」特徵上。

想要看出串謀形式的具體特徵，我們可以從家庭的角度切入，研究那些「否認家人酗酒」的家庭；同時也可以從國家的層級著手，分析那些「拒絕承認領導人擺明了能力不足」的國家[43]。沉默串謀的一般模式，是超越特定社會情境的，為了凸顯這一點，我不打算針對特定的沉默串謀事件深入探討，相反的，我將要談的，是許多活生生的故事，這些故事都有著截然不同的背景。這些故事的背景涵蓋面越廣，我們就越能在集體否認現象的觀察中，找出共通的原則。

當串謀的人數越多、時間越長，沉默的壓力越大

因此，在本書中，我刻意在極其不同的事件之間跳躍穿梭，以便凸顯出「沉默串謀」的普遍特徵。畢竟，唯有透過這些看似無關聯的集體否認案例，刻意忽略案例之間的表面差異，我們才能確實揭露其基本結構的相似處。「一本旨在分析普遍性社會歷程的著作，」正如經濟學家提默・庫蘭（Timur Kuran）所說：

「必須以多元背景測試其理論，藉以證明其主張的共通之處；必須暫且撇開地域差異，找出特定文化事件的共同模式，藉以連結原先被視為彼此不相干的論據。」[44]

首先，我將分析各種有關「注意」與「溝通」的社會規範、陳俗和傳統，這是人們用來判斷哪些事情值得重視、可以暢談，哪些事情無關宏旨、應予漠視的依據。我特別研究那些禁止人們看、聽、說，藉以把某些事情排除在分際界線外的規範，不論這些約定俗成的規範，是以絕對禁忌的形式，或者是以較微妙的處世原則存在。

然而，我們注意哪些事情，以及跟別人談論哪些事情，不只是受到這些社會規範所限制（例如，要求我們隱匿自己所知道的特定訊息，或乾脆不承認訊息的存在），也會受到政治的箝制。畢竟，**權力涉及控制消息的能力，主宰著他人能取得且流通的消息範圍，以各種方式迫使人不看、不聽、不說**。有鑑於此，我也決定研究控制他人注意範圍的各種方式，從正式的審查，到非正式的分散注意力手段。此外，我還研究控制他人言論範圍的各種形式，從正式的議題設定程序（agenda-setting procedure），到非正式的緘默守則（code of silence）等。

我也試圖凸顯沉默串謀在本質上的「合作」特性，顯示了串謀者彼此間的行動，存在著相輔而行之效。我分析了那些讓沉默的串謀更牢不可破的因素，並且發現：當串謀的人數越多、時間越長，而否認的行為本身遭到串謀者否認時，沉默的壓力便越大。

不過，人們並非總是同聲一氣地，否認屋裡出現大象的事實。事實上，人們也經常在嘗試著打破沉默的串謀，意圖讓沉默所圍繞的公開祕密，成為輿論的一部分。

我研究了打破沉默的各種方式，從微妙的幽默手法，到直率、不留情面、喚醒覺悟的大動作。我也研究社會大眾對於打破沉默者的反應，具體分析這些革新者或乖離者的異議角色，藉此解釋他們通常所引發的兩極化反應——欽佩和憤慨。

打破沉默者往往是惹人厭的，這凸顯出了漠視「大象」所能產生的龐大好處。畢竟，把一些話按住不表，是群體生活得以維持下去的先決條件，想要打破圍繞著這些事情的沉默，無異是在「興風作浪」、顛覆現狀；而公然挑戰什麼事情可看、可說的傳統，也會侵蝕社會團結的根基；此外，假裝沒注意到某些事情，往往幫助我們保住別人的面子，倘若摘下這種矯情的面具，人與人之間的互動，也將會變得尷尬無比。

然而，沉默的串謀也會帶來嚴重的問題，因此我們也必須檢視它對群體生活所帶來的負面後果。由於每個人注意到的事情難免有落差，沉默的串謀往往加深了人們彼此的猜疑。再加上，沉默的串謀鼓吹某種程度的心口不一，因此，也是不道德的。

「要摧毀道德行為，」政治理論家艾佛德（C. Fred Alford）說過：「最好的方法就是不討論仁義道德，也不討論不討論這件事。」「壓根不談論道德倫理，」他開玩笑的提議：「也別談論我們不談論道德倫理這件事。」[45]做為道德存有，我們無法一輩子絕口不提「不能被討論的」議題。要打破這種暗中作崇的否認循環，有賴於公開討論「不能被討論」這種現象本身。

這本書，就是第一次嘗試，有系統地開啟這樣的討論。

第2章 假裝不在場、不知道、不在意

我們為什麼否認屋裡有大象？

她第一次看到見習修女在教堂內昏厥時，〔沒有一個〕修女或見習生甚至瞄一眼那團跪癱了的白色形體……周圍的修女似乎成了無動於衷的怪獸，彷彿不省人事的姊妹跟她們毫無瓜葛，彷彿她未曾在她們跟前毫無血色地倒臥在地。〔然後〕她明白，她看傻了眼的並非冷酷無情，而是一種超脫的表現……後來，她試著訓練自己展現這種高度造詣的善舉，假裝沒看到陷於痛楚的姊妹……這才發現很少人真正達到全然超脫的冷漠顛峰，只是佯裝如此罷了。

——凱瑟琳・休姆《修女傳》（Kathryn Hulme, *The Nun's Story*）

在探索沉默串謀的結構與動態之前，我們首先必須研究，那些使我們得以參與串謀的認知與行為能力。仔細研究看、聽、說等行為的社會基礎，可以讓我們對於「否認」的社會結構，有初步的認識。

社會在變，道德的界線也跟著在改變

大家都知道，我們注意與沒注意哪些事情，中間那條抽象的界線，大體取決於感覺器官所加諸的各種生理限制。舉例來說，我們的視力，受限於有限的「視野」之內，大多數落在視野之外的事物，甚至從來沒有進入我們的意識。類似的生理限制，也局限著我們所能聽到、聞到的範圍。

然而，我們是如何將所留意到的「圖像」（figure），從壓根沒引起我們注意的周遭「背景」（background）中抽離出來，其實只有部分取決於天生的生理機制。比方說，我們的身體並沒有什麼與生俱來的過濾器，可以在演奏會上幫我們區分台上的聲音（我們稱之為「音樂」），和我們視為背景「噪音」的聲音（如隱約的咳嗽聲、椅子的嘎吱聲）。同樣的，假如陪審團能夠忽視那些不具法律效力的證據，也絕非來自生理本能而已。

每個人集中注意力的方式往往各有不同，不過，這通常與我們的生理機制沒有多大關聯。老鷹的視力比烏龜敏銳，蜘蛛的聽力也跟瞪羚不一樣，但是，觀光客跟本地人對同一個城市所注意的焦點不同，卻與感官的敏銳度沒有任何關係。

我們留意事情的方式，是建立在一種非關生理的社會基礎之上。這一點，可以從不同社會族群之間，所呈現的不同注意習慣得到證明；另外，比起拉丁裔少女，黑人少女更能從容地跟母親討論性愛這件事[1]，這也證明了，我們的溝通習慣亦是如此。因此，某些職業會明確限制成員應該注意的範疇，另一些職業則刻意訓練成員留意「每一件事」，好比說，要求高度全神貫注，在實驗研究員（被訓練以嚴格去情境化的方式操縱變數）或外科醫生之間極為常見，相較之下，警察與記者則被訓練為必須在「每一個小地方」尋找證據。

從歷史上的社會變遷中，我們也能看見，這些變遷如何引導我們去「注意」或「忽視」一件事。舉例來說，不過短短數十年以前，抽菸在很多人眼中，只是一種「背景」活動，就像信手塗鴉或喝咖啡，人們甚至不會特別去注意到這些行為[2]。同樣的，不過兩世代以前，美國中產階級還認為，膚色與社會地位密切相關，今天，則幾乎沒有人再這麼想。因此，隨著社會態度出現變化，我們的專注焦點，也會有所不同。

再比方說，有些原本無人聞問的知識，也會在一夕間，成了學術界爭相探討的話題。一百多年前，佛洛伊德出版了《日常生活的精神病理學》（*The Psychopathology of Everyday Life*），在此之前，「說溜嘴」*不曾是學術探索的主題。同樣的，一直到愛德華．霍爾（Edward Hall）在一九六六年出版《隱藏的空間》

（*The Hidden Dimension*）以後，才開始有人具體地留意在人際互動過程中，人們把自己圍繞起來的「個人空間」泡泡（bubbles of "personal space"）[3]。

回顧一些議題的歷史變化，例如女性裸露到什麼程度會引發道德批判，或者，幾乎每年都有數十萬的非洲人死於饑荒，到底有多少美國人關心，就可以看出：我們的道德界線，其實也同樣不斷在改變。如今，包括同性夫妻、胎兒等，都已經實際上享有法律上的權利，不過短短幾十年以前，許多人甚至不認為這些人有什麼法律權利可言[4]。

我們所認為「不宜談論」的話題，也在持續改變中。正如艾莉絲・彌爾斯（Alice Mills）與傑瑞米・史密斯（Jeremy Smith）在他們合著的《鴉雀無聲》（*Utter Silence*）中，對所謂的「史塔報告」提出的評論：「肯・史塔（Ken Starr）**的問題在於，到了二十世紀末，精液已經是再平常不過的字眼了。世紀初，除了男醫生之外，幾乎沒有人能說出口的精液……到了世紀末，已經可以毫無顧忌地跟孩童談論。對史塔的絕大多數讀者而言，談論精液，絲毫沒有打破禁忌的快感。」[5]

你會注意別人的族裔、宗教、性向……還是胸部？

然而，我們注意與忽視哪些事情，其間的分野雖然不是純粹的自然現象，但也不全然取決於個人[6]。注意與忽視，向來是特定族群的成員依照特定的注意與溝通習俗，所展現出來的行為，從來就不只是一種個人行為而已。

事實上，我們集中注意力的方式，往往是以社會傳統為依據，而這些傳統，

---

*譯註：佛洛伊德認為人們表面上的失言或筆誤，其實都流露出內心的真正想法。

**譯註：美國獨立檢察官，因調查柯林頓與陸文斯基案而聲名大噪。調查結果所做成的報告，即為「史塔報告」。

是高度非個人化的。所以，當我們注意或忽視某件事，經常是以特定社群成員的身分為之[7]。舉例而言，如果你現在是美國房貸經紀人，按理說你就應該忽略客戶的族裔和宗教信仰；同樣的，正是這類與「注意」有關的社會風俗，導致我們留意女人的胸部，而忽略她們的耳朵；還有，我們「重視道義」的傳統，會讓我們比較關心某些族群在戰爭中的傷亡（例如婦女、小孩與老百姓），也會影響我們對於社會問題的認定[8]。

在〈國王的新衣〉中，第一個指出國王沒穿衣服的人，是個小孩——一個尚未學習基於人情世故、該對哪些事情視若無睹的人。這樣的情節安排絕非巧合[9]，我們通常會融會吸收這種有關「注意」的傳統，並納入我們社會化的一環[10]。我們就是這樣學會，好比說，在篩選求職信時，應該忽略求職者的婚姻狀態，或者，給學生打分數時，應該屏除對特定學生的偏袒。

社會化的過程通常是隱晦不明的，但也可能非常明確。例如，美國軍方針對同性戀議題的明文政策——「不問不說」。只需觀察別人忽略哪些事情，我們即學會跟著忽略。當少女聽著母親如何將她倆在鬧區共度的一整天時間，濃縮成一分鐘摘要，她就在潛移默化中，學會了哪些事情值得注意，哪些事情可以被忽略；當她看到周遭的人都不提父親的酗酒問題時，她也同樣學會那是不該被注意的事[11]。

你看的是權力消長，我則著眼空間安排與行為策略

雖然說，一個人最初會被特定職業所吸引，通常是因為這份職業比較接近他平常所關注的事物，但是，以專注習慣完全相反的實驗研究員跟記者為例，他們組織注意力的方式之所以截然不同，卻是因為專業養成的結果。同樣的，比起傳統的耳鼻喉科醫生，身心整全治療師更常詢問耳疾病患的肩頸狀況，並不是因為

他們天生好奇，而是因為他們的專業養成，是以不可區隔的整體觀點，去看待每一個人體。

各行各業獨特的專注傳統，深深影響其成員所留意的事情，這一點，在科學領域中尤為顯著。畢竟，科學家究竟注意些什麼，取決於他們集中注意力的特定習慣，以及他們透過專業社會化（professional socialization）過程養成的特定認知取向[12]。舉例來說，唯有經歷這種社會化過程，社會學家才能養成「社會學的想像」（sociological imagination），讓他們可以「看見」權力結構、勞動市場、影響網絡和分層體系；也唯有曾親身經歷這段過程，我才能針對人類認知系統的集體、規範與慣例層面，發展出獨特的社會學敏銳度[13]。同樣的，你也許猜得到，放射科跟心臟科醫師之所以能透過X光片與聽診器，察覺出其他人所忽略的早期警訊，也正是基於專業社會化之故。

我讀研究所時，曾受邀參加社會學家羅伯·貝爾斯（Robert F. Bales）主辦的研究生研討會，主題是團體動態，跟貝爾斯的其他學生一起觀察一小群人在其社會心理學實驗室裡進行的互動。之後，當我們比較彼此在觀察期間記錄的筆記，我發現，其他學生的重點，多半在於團體內的權力消長，我的筆記則圍繞著空間安排與行為策略。不過，這個差異跟我們之間的敏銳度高低無關，而是因為有別於他們，我當時是在社會學家爾文．高夫曼（Erving Goffman）的門下做研究，並且受其影響甚深。高夫曼對於社會互動的研究角度，與貝爾斯相去甚遠，我也因此在潛移默化中，養成迥異的觀察角度。

經過專業社會化的洗禮，科學家也學會了在他們的研究設計中，去控制有可能重要、但他們仍選擇故意忽略的變數。要辨別不同學術領域的學者，其中一種方式，就是觀察他們心照不宣地選擇忽略的變數。藉由控制某些變數，科學家於是將這些變數轉移成可以被忽略的「背景」。好比說，當一位犯罪學家想要分析罪犯的「族裔背景」與「符合假釋規定所需時間的長短」之間的關係時，很可能就會有計畫地忽略他們的年齡、婚姻狀況，乃至於罪行本身，這位犯罪學家也可能認為，罪犯的閱讀習慣、餐桌禮儀跟膽固醇水準，與他所要研究的主題無關。

注意力準則——日常生活中的「不在場假象」

純粹看到或聽到（即感知到），跟實際察覺到（即注意到）之間，存在著相當大的差異。

這主要是因為感官體驗到的事物，並非總能攫取我們的注意力[14]。舉例而言，我們跟別人交談時，很少注意對方襯衫鈕子的顏色，儘管它們顯然清楚可見。同樣的道理，我們很少留意到業務會議上，有哪些人在做筆記。在野餐或大型家族聚會時，許多人對周圍蹦蹦跳跳的兒童，幾乎視若無睹（這使得孩子們跟管家和清潔工一樣，成了完美的間諜人選）[15]；甚至，很多夫妻還會當著嬰兒的面行房。

然而，假裝不知道某件事，就不只是「沒有察覺」而已了。事實上，我們經常在受到某些壓力的情況下，不得不故意漠視某件事。這類的壓力，經常來自與「注意」有關的社會規範，而這些規範的目的，就是要讓我們能夠區分「值得注意」的事，以及應該被視為背景「噪音」、予以忽略的事。

我們可以試想一下，在女性與婦科醫生之間的互動過程中，那些旨在消解「非關醫療氛圍」的特殊「注意力準則」（norms of focusing）[16]。正如一位敏銳的觀察者針對這種情境所做的描述：「在醫療世界中，骨盆區跟身體其他部位沒什麼不同，〔而其〕性意涵被置諸腦後……〔醫生〕希望大家明白，**唯有醫療相關細節才會進入他們的視線**，因此，病人體態的美醜跟他們無關。」[17]

這類的準則是一種不成文規定，用意在於約束當事人集中注意力的方式。好比說，病人因此應該「視線向上，注視天花板或屋裡其他人，雙眼睜開，眼神不夢幻或『迷離』。檢查過程中，應避免注視醫生雙眼，因為此刻直視對方眼神，頗具挑逗意味」[18]。

類似的注意力準則，讓我們在某些社交場合中，可以在心裡區分哪些人是夠格的參與者，而哪些是「不存在的人」，例如上述的兒童跟清潔工，儘管他們身處其中，我們卻習慣視若無睹[19]。事實上，我們期望這些人「盡全力幫忙營造他們並不在場的假象」，如此一來，也許只有當他們反抗成為認知上的邊緣人，才會強行進入我們的意識，例如旁觀者多事地向對弈者發表意見，或者如計程車司機突然加入乘客間的對話[20]。

某種程度上，這類注意力準則也說明了，人們為什麼很少出於意識地，認為馬、兒童或自己的手足具備性吸引力。正如伍迪·艾倫（Woody Allen）的電影《性愛寶典》（*Everything You Always Wanted to Know about Sex But Were Afraid to Ask*）中，金·懷德（Gene Wilder）跟黛西綿羊之間那令人發噱且難忘的一幕：

如果你所愛慕的對象，是一般人眼中跟「性愛」扯不上邊的類型，那麼你八成就是個變態[21]。

從決定哪些事情「不相干」的不成文社會規則中，我們最能夠看清楚「留意」與「忽略」等心智活動的規範依據。畢竟，對於「相干」與「不相干」的判斷，是一種社會心理行為（sociomental act），參與的特定族群成員，已經在社會化過程中，學會只將注意力集中在社會場景的特定部分或層面，同時有計畫的忽略其餘一切。

一件事情是否值得你關注，便是根據這類被社會所界定的「不相干法則」（rules of irrelevance）。要理解其涵蓋範圍之廣，請注意：也許在某些場合（例如心理諮商、第一次約會等），會重視過程中每一個細節，但整體社會環境中總是充斥著各種心理背景，告訴我們哪些事情應該注意，哪些又該被忽略，才能符合社會期待[22]。正是這樣的心理背景，讓我們如此認定——好比說，選手的體重與性別，與拳擊賽和網球賽相關，卻跟牌局與古印度棋賽毫不相干[23]。這也說明了，為什麼比起在地下鐵，那些在教堂裡嚼口香糖的人，更容易被我們注意到。

「相關性」的社會基礎，在官僚體系中尤其顯著。公務人員受到明文規範，只能專注在他們所擔任的特定功能性職務，而一切「非正規」的人際關係層面，都會被視為不相關，因此，必須正式予以忽略[24]。這樣的社會基礎，在現代法律中亦多有所見，例如陪審團被正式指示且再三提醒，只能將注意力聚焦在嚴格定義與案件「相關」的事情上。因此，根據性侵害保護法，原告的性經驗被認定為不相干，基本上不可被提及。同樣的，基於排除不合法證據的法規，不法取得的證據就算確鑿如山，也不可以被採納，假使在法庭上被提起，法官可以要求正式刪除其紀錄，並命令陪審團予以忽略。

不准「密告」幫內兄弟，不准舉發貪污同僚？

當社會要我們漠視某件事情，往往會以嚴格的禁看、禁聽、禁說的禁忌形式，來讓我們清楚地知道。這類禁令的本質，在於「壓抑我們的知識水準」[25]（事實上，《聖經》所載的第一道禁令，就是不可吃俗諺所說的智慧樹果實）、局限我們處理資訊的方式。那些違抗或甚至壓根不理會禁忌的人，往往被視為社會偏差者，成了各種社會制裁鎖定的目標[26]。

禁忌的基本特徵，在於特別強調迴避，通常，是用禁看或禁聽的嚴格禁令形式呈現。舉例來說，在澳洲原住民部落中，世俗男女嚴禁看到或聽到獻祭品：「屍骸……有時被覆蓋住臉，挪到看不見之處，以免被人看見……女人不可聆聽祭儀歌謠，違者處死。」[27]至於那些因過分好奇，而選擇忽視或違抗注意力準則的人，最後會得到何種命運，《聖經》與希臘神話中，羅得（Lot）之妻和奧菲斯（Orpheus）因違反禁看的命令而遭上天嚴懲的故事，即是社會對這類人下場的經典描述*。

然而，正如眾人熟知的三尊智猴像，所帶給我們精準無比的提醒，對於觀看或聆聽的嚴格禁忌，往往伴隨著具有互補功能的言論禁忌。好比說，各式各樣的典禮場合，會嚴格要求人們保持沉默，「如果非說不可，只能輕聲細語，以唇示意。」[28]不僅如此，有些特定事情絕對不可被討論，有時候，甚至永遠不該被提起。

再看看《城市王子》（*Prince of the City*）、《烈血大風暴》（*Mississippi Burning*）、《惡夜追緝令》（*In the Heat of the Night*）、《軍官與魔鬼》（*A Few Good Men*）、《黑岩喋血記》（*Bad Day at Black Rock*）或《衝突》（*Serpico*）等電影中，對於防杜「家醜外揚」的強大禁忌所做的生動描繪。就這方面而言，特別值得注意的是非正式的「緘默守則」（code of silence），例如，西西里傳統的誓貞幫規omerta，禁止黑手黨成員「密告」幫內兄弟；或是聲名狼藉的「藍色沉默牆」（blue wall of silence），諷刺的是，此牆具有類似作用，但卻是用來防止警察舉發腐敗貪污的同僚；更別提那些人們為了加入祕密會社或地下運動，所必須立下的保密誓約。

另外，「緘默文化」也同樣具有約束效果，它防堵石油工人告發漏油事件、防止兄弟會成員在強暴案件中提出不利於其他弟兄的證詞、引導菸草公司高層封鎖有關抽菸絕對有害健康的研究報告，並且阻撓一向譁眾取寵又八卦的美英媒體，報導英王愛德華八世在一九三六年即將退位的消息，或是甘迺迪總統有失檢點的性生活[29]。

---

*譯註：《聖經．創世紀》十九章，耶和華要焚毀罪惡的所多瑪城，命令羅得一家逃離，不可回頭。羅得的妻子在逃命途中回頭一看，就變成了一根鹽柱。奧菲斯是琴音動人的希臘神祇，為了救亡妻而攜琴入陰間，冥王被琴音感動，同意歸還其妻，但是命令奧菲斯在冥府期間不得回頭看妻子，奧菲斯忍不住回頭一看，終究功虧一簣。

禁忌與緘默——只要避談一件事，就能將它從思想中抹去？

要確保人們對言論「禁區」[30]敬而遠之，最有效的方法，就是讓禁忌的話題無以名之，例如天主教傳教士，就小心翼翼的避免直接說出「雞姦」（這是個「無名之罪」）一詞[31]。彷彿，只要避談一件事，最後就能將它從思想中抹去，正如喬治・歐威爾（George Orwell）在《一九八四》中所描述的反烏托邦世界，在那裡，人們幾乎不可能「追隨異端思想，頂多察覺那是個邪念。超過那範圍，所有必要字眼皆不存在」[32]。事實上，社會對於各種與「性」有關的字眼（那些「髒話」）之所以有所禁忌，背後的假設，就在於想要透過淨化我們的語言，來消滅某些念頭。在此，我引述一段傅柯（Michel Foucault）的話：

為了實際取得對性的控制，首先必須在語言上征服它，掌控人們對它的自由談論，從說過的話中抹去它，消滅使得它過分躍然形上的文字。然而，就連這些禁令，似乎都怯於直呼其名。現代假道學甚至無須說出這個字眼，只消透過……噤聲不語，藉由絕口不談的強制沉默，就能確保人們不提及性。[33]

委婉說辭的使用（例如「化妝室」和「趕羚羊」），是一種比較和緩的語言迴避形式，讓使用者可以在援引禁忌話題的同時，又能避免提到它們。因此，透過使用像「醫學實驗」這樣的委婉措辭，奧許維茲（Auschwitz）集中營的納粹醫生可以拐彎抹角地提到他的可憎行徑，而不必明明白白說清楚[34]。

同樣的，藉由使用 Tampax 這個不具刺激意味的品牌名，衛生棉條廣告商可以很有技巧的影射生理期這個話題，卻又不用真正提到月經這件事。這讓我想起一個小男孩的笑話，他看了強調有了 Tampax 就可以做任何事情——游泳、打保齡球、滑雪、騎馬、打網球——的電視廣告，於是天真地希望，能得到這種神奇的東西做為生日禮物。

委婉措辭確實是「語言的除臭劑」，因為它們構成了「沉默略去法」（code of silent omission），功能上等同於「洗澡——讓止汗劑無用武之地」[35]。當然，我們首先必須明白，委婉措辭提供了保護盾，而不是成了保護過程中的遮蔽對象，以下這則笑話，就是個很好的警惕：一個男人整天被老婆嘮叨，要他告訴兒子有關「鳥跟蜜蜂」那檔子事，男人終於對兒子說了：「記得上星期天，我們在公園樹叢後頭看到的先生和小姐嗎？記得他們在做什麼嗎？這個嘛，鳥跟蜜蜂也做同樣的事！」

原諒或假裝忘記別人未實現的承諾，就是「世故得體」？

然而，社會期待我們視若無睹的事，有許多是透過更和緩的「世故」形式，來讓我們遵守。儘管到目前為止，社會科學研究者尚未關注世故與禁忌之間的關聯性，但是，世故其實是禁忌的「婉轉」版，是宗教戒律的禮儀規則。因此，世故往往是以隱晦的禮貌指導方針具現（「如果你這麼做，會讓人家覺得你太粗魯」），而不是明言的訓令（「不准這麼做！」）。難怪，和禁忌不同，世故通常更能幫助我們理解因尷尬（而非恐懼）所引發的沉默的串謀。

此類「消極的禮貌」[36]，基本上是建立在迴避之上，包括不去觸碰那些沒人要你談論的「敏感」資訊。正如舉世皆知的「非禮勿聽猴」所展現的，某些言談上的規範，是要防止我們向別人打探「脆弱」的話題，例如婚姻問題、流產或自殺等等[37]。此類規範的形式，通常是特定的禮節通則，目的就是要制止我們「刺探」閒事。這裡，我引述一份廣為流傳的「禮貌」指南：

假設，你知道自己遇見的每個人年紀多大、花了多少錢買房子；假設，每位身障者都對你娓娓道來他或她為何瘸腿……假設，所有單身男女都向你解釋他們為什麼至今未婚……而每個成人則陳述著……自己沒有子女的理由；假設，跟人打招呼之後，你立刻得知他或她身上的每一件衣服多舊了、在哪裡買的、花了多少錢……為什麼人們不能停止一逮到機會就探聽消息？為什麼不回到從前那種——將四處打探消息視為踰矩行為、每個人都可以只談自己想談的話題——世界呢？[38]

從我們對喜歡刺探消息的「好管閒事」者的反應，可以發現，當一個人的言行舉止不合禮數，往往會被視為某種程度的社會偏差。因此，朋友與鄰居常會將家暴的可疑跡象（高聲爭吵、瘀傷），視為別人的家務事，他們應該假裝不知道，以免被視為多管閒事[39]。

不用說，出於禮貌而「忽略」別人的結巴、鄉音、口臭或沒關的拉鍊，顯然並非單純疏於注意的結果。同樣的，阻止我們在擁擠的餐廳中，偷聽周遭清楚可聞的對話（包括別人誤以為我們聽不懂的外國語言），也不是聽力問題。這些，都是屬於符合社會期待的「禮貌性忽視」[40]。

除了非禮勿視、非禮勿聽的壓力之外，還有一種強大的社會壓力，要求我們不承認自己偶爾確實看到或聽到了。社會不僅期望我們不去打聽有可能造成尷尬的問題，也期望我們就算聽到，也要假裝沒聽到這些可能造成尷尬的「答案」。藉由不承認我們其實看到或聽到了，我們可以「得體」的佯裝自己「沒注意」到這些事情。

在法文中，「注意」（notice）和「議論」（remark），是藉由同一個動詞（remarquer）來表達的，這提醒著我們：注意某件事，跟公開承認自己注意到它之間，是多麼的密切相關。相較之下，在英文中似乎必須使用兩個不同的字，才能表達這兩種行為，顯示出在社會規範中，這兩者是有差別的。我們實際注意到事情，跟我們公開承認自己注意到事情，這兩者之間存在的差異，正是所謂的「人情世故」。

換言之，得體的舉止，往往涉及假裝沒注意我們「其實知道，但明白我們不宜知道」的事情[41]。因此，當一個人「對某件事情視若無睹……不予置評」[42]，即是世故的表現。正如我們原諒或假裝忘記別人未曾實現的承諾，所謂的世故得體，包含至少在表面上把我們確實注意到的事情，視為無關緊要，因此幾乎可以不放在心上[43]。

更確切地說，世故的表現，往往涉及不讓別人看穿「我們注意到了他們的一些糗事」。藉由佯裝「沒注意」他們，我們試圖傳達的是：他們並非我們「特別好奇的對象」，正如以下這則笑話，把所謂的「文雅紳士」定義得入木三分：一名男子誤闖女士淋浴間，隨即向眼前一絲不掛的小姐致歉：「先生，真抱歉。」[44]因此，當別人犯了尷尬的失禮行為，我們可以「佯裝未留心」，或者「得體的視若無睹」[45]。

不過，世故與禁忌之間，其實並不是表面上那麼涇渭分明。舉例來說，出於「政治正確」的沉默（例如，避免使用種族標籤，以免被視為種族主義者），究竟是世故還是禁忌，兩者間的界線就有點曖昧不明[46]。此類「禮貌的壓抑」[47]，是欠缺明確權力結構及某種高壓政治成分的社會環境與局勢所獨具的現象。因此，你也許猜得到，在權力結構分明的社會環境與局勢中，強迫人們噤聲所採用的手段，就出現了顯著的不同。接下來，我們即將談到這部分。

第 3 章

權力，讓我們閉嘴

政治環境與沉默串謀

壓抑彷彿是……一道強制沉默的命令……彷彿是一種告白，表示對此沒什麼好說、沒什麼好看，也沒什麼好知道的。

——傅柯《性史》（*The History of Sexuality*）

「注意力規範」的存在，意味著人們對於何者應予以忽略，抱有一定程度的共識。然而，這樣的共識不見得總是存在。舉例來說，一般的傳統觀念中，習慣將藝術從視覺、聽覺環境區分開來，對此，藝術家試圖提出挑戰，像是印象派畫家竇加（Edgar Degas）的《女人與菊花》（*A Woman with Chrysanthemums*）、劇作家皮蘭德婁（Luigi Pirandello）的《今夜我們即興演出》（*Tonight We Improvise*）[1]、畫家蒙德里安（Piet Mondrian）的《紅黃藍的菱形構成》（*Diamond Painting in Red, Yellow, and Blue*），以及美國前衛派音樂大師凱吉（John Cage）的《四分三十三秒》（4'33"），莫不是出於強烈自覺意識，對傳統注意力約束所進行的大膽攻擊[2]。而對於族裔應否列為大學入學許可評鑑要素的爭議，基本上則是一場涉及「關聯性」的論爭。情侶之間針對另一半是否管得著自己過去性愛史而引發的激烈爭執[3]，同樣提醒著我們：雖然有時候沉默是符合眾人期待的，但其他時候是否恰當，則很難說。

到目前為止，我們探討了引發沉默串謀的規範壓力，然而，迫使我們漠視某些事情的社會壓力，只有一部分是來自於規範。人們注意及談論的範圍，是由社會規範及政治限制共同界定的；**我們所看、所聽、所談論的內容，同時受到規範壓力與政治壓力的影響**。唯有深入研究引發沉默串謀的政治環境，我們才能理解在童話故事〈國王的新衣〉中，為什麼是國王（而不是，好比說，他的某個隨從）沒穿衣服，才能如此戲劇性地捕捉所謂「屋裡的大象」的精髓。

他們一直在利用權力，左右我們的注意力

我們的第一步，就是研究在注意力與言論的社會結構中，「權力」扮演了何種角色。畢竟，社會關係通常涉及權力糾葛，而**沉默與否認，則往往是權力分配不均的產物**[4]。

我們掌握哪些消息，某種程度上，取決於我們擁有多少權力。舉例而言，「機密」（遑論「最高機密」）與「非機密」資訊的取得管道，有其規章限制，視人們的安全等級而定，而消息靈通的程度，往往也與權力地位的高低互相呼應。

權力也使人有能力掌控傳遞給他們的訊息多寡。假如一個人是透過非正式的管道取得資訊，而擁有這項資訊可能會帶來麻煩，那麼，這個人日後就可能會佯裝自己不知情，藉此逃避責任。畢竟，比起「知情不報」，「完全不知情」的風險，是要低得多了。

因此，那些居高位的人，對於那些自己實際上心知肚明的非法行動，也許會保持「徹底且全然的不知情」（正式的說法，是「脫鉤」），以免受到牽連。或許，約翰．米契爾（John Mitchell）*確實不曾向尼克森提及任何與水門案相關的

＊編按：約翰．米契爾，因一手主導水門案而被定罪的前檢察長。

事件，好讓尼克森保持「無菌般不知情」，因而免於法律上的麻煩[5]。

然而，權力也使人必須承擔更廣的注意視野，例如在科層組織中，社會位階越高，所必須注意的層面也越廣[6]。因此，一個旅長的考量，應該比他麾下的營長更全面，而營長的視野，又應該比連長更宏觀。這就解釋了為什麼只有極少數資深的ＦＢＩ官員，才有能力把該局鳳凰城與明尼阿波里斯分部，在九一一世貿中心與五角大廈攻擊前提供的資訊「串聯起來」。

不用說，連長之所以從戰術而非策略角度看待軍事狀況，是基於規範上的角色期望所致，而非個人缺乏好奇心使然。我們平常也不會將校長與一般教職員對於校務的認識與關心程度不同，歸因於個人的好奇程度不同。

權力不僅賦予人們更廣的注意範圍，更重要的是，它也賦予人們控制他人注意範圍的能力。舉例來說，透過擬定必讀書單，老師決定了學生認為何者值得研讀；當律師試圖插入反對意見來吸引法庭注意時，法官有權決定接受或駁回其抗議。

權力，也與言論範圍的「控制」有關。畢竟，通常是由上司指示部屬「別提那件事」[7]。舉例來說，當小布希要求當時的俄羅斯總統普丁加入伊拉克戰爭時，正是基於掌握言論範圍主導權的微妙政治角力，激得普丁說出，美國長期盟友沙烏地阿拉伯與巴基斯坦，在助長全球伊斯蘭恐怖主義中，扮演了更重要的角色[8]。

要控制他人的注意力與言論範圍，最常見的方法，就是控制「議題」（agenda）。從決定哪些議題該列入（其實同時也暗示了何者不該列入）討論範圍，進而正式定義「檯面上」議題的政治角力過程，我們可以看出，通常是由上級決定了部屬應重視哪些事項，而非反向關係。同樣的，透過訂定「全國性議題」的權力，國家的領導者也決定了民眾對於醫療、教育及國土安全等議題的注意程度。

此外，權力也涉及透過「改變話題」，來轉移他人注意力的能力。的確，領導人經常透過製造危機（甚至開啟戰爭）的方式，來分散人民對於經濟問題或政治醜聞的關注（事實上，小布希的某些批評者，曾把據稱的伊拉克大規模毀滅武器〔weapons of mass destruction〕，直言不諱的描述成「大規模混淆武器」〔weapons of mass distraction〕，或引用希區考克用來分散觀眾注意力的著名手法，戲稱為「大規模毀滅性麥高芬」〔MacGuffins of mass destruction〕*）[9]。如同職業魔術師，領導人也會計算時間，讓不受歡迎或可能引起軒然大波的行動（例如任命爭議人選或開除資深幕僚），與其他可以方便掩蓋過這些行動的事件同時發生。

媒體的「不報導」，阻擋了議題進入我們的意識

當然，國家領袖之所以能「抓住」全國的注意力，靠的是大眾媒體攫取注意

力的力量（而且靠著廣播或電視，甚至能讓全國民眾在同一時間注意同一件事情）[10]。事實上，媒體決定了哪些事情會出現在我們的共同雷達螢幕上；雖然他們並非總能成功指揮我們想些什麼，卻「極其成功地支配我們想到什麼」[11]。此外，藉由決定哪些議題或事件登上報紙頭條、成為廣播及電視新聞的焦點報導，他們顯然也決定了社會大眾對新聞重要性的感受[12]。

媒體光靠「不報導」，也幫忙阻擋了各種議題進入我們的意識。這種情況不僅出現在所有電視、廣播、報紙皆受政府管控的極權社會，就連多元化的政治體系，亦是如此。舉例來說，對於它們所認定在選舉中無足輕重的「弱勢」候選人，美國媒體幾乎不約而同地拒絕報導[13]，很明顯的，這麼做也限制了這類「沒

＊譯註：麥高芬（MacGuffin）是一種說故事手法，因希區考克的使用而廣為流行，指的是到頭來其實跟故事主旨無涉的某些角色動機或故事發展線索。

有被報導」的新聞的重要性。

大眾注意力的延續時間長短，其實也受到媒體的宰制。從我們經常接連數週追蹤某則新聞，卻在媒體停止報導後立即忘得一乾二淨，即可見一斑。特定議題或事件，會成為大眾關注焦點，然後停留一陣子，接著逐漸淡去，形成了一種由媒體主導的輿論注意力週期。從這角度來看，也許「犯罪潮」（crime wave）所反映的，是大眾對犯罪活動的關注隨媒體報導而產生的特定變化，而不是犯罪率真的有所升降[14]。畢竟，即便是非常重大的新聞事件，也往往在風頭過後，退到公共雷達螢幕上較不顯眼的位置，最後完全銷聲匿跡。最好的例子，就是《紐約時報》在二〇〇三年四月二十一日，於頭版底發表的聲明：「最近幾週占據獨立版面的伊拉克戰爭及其後續效應的報導，今日起，回到正常新聞版面，起自第十版。」

從學界關注焦點及言論範圍經由社會化而成形的過程，我們也可以清楚看見這種「議題設定」的政治學。博士班測驗的必讀書單，一如學校課表或歷史課本[15]，顯示權力主宰著他人必須知道什麼、可以忽略什麼。然而，「社會心理控制」（sociomental control）[16]這種比較微妙的形式，其重要性亦不遑多讓，例如，學者迫於學界的不成文規定，其論述必須在某種程度上，融入他們被期待熟讀的「文獻」，以顯現專業素養。造成的結果是，光要瀏覽最近問世的文章所附的參考書目，更別提詳讀當紅的「文獻評議」（review essay），今天的年輕學者即承受著無言的壓力，必須將特定論文奉為「必讀」經典，同時認定未受到評議的作品無足輕重，可以漠視。

學者也會受到社會壓力，必須將其智識關注焦點，局限在傳統的特定學術區塊（「領域」、「學科」，或者其中更狹窄的專攻「範圍」）內，並且視發生在區塊以外的學術活動，為離題之舉，與他們的專業無關。舉例來說，我所參加的專業團體，就運用了各種誘導及抑制方式不斷施壓，迫使我將學術關注的範圍，放在所謂的「社會學」界線內，並且默默阻撓我展開任何與「歷史學」、「心理學」或「人類學」相關的研究計畫。

這種約定俗成的藩籬，用意就在於框限學術關注及言論的範疇，保持知識血統的「純正」。這也正是為什麼，當今只有極少數學者能超越固有且狹隘的心理設限，大膽地在其閱讀及寫作上，踏入傳統被視為別人地盤的知識疆域。忽視這種社會壓力的人，往往會在受聘、晉升、取得經費和發表論文等方面，遭遇極大困難。這種結果委實令人遺憾，因為，將傳統上各自為政的精神領域整合起來的認知能力，是人類創造力的一大特徵[17]。

為了自保，你是否常刻意避開話題、佯裝無辜？

權力，也涉及控制（偶爾也包含阻擋）他人接觸資訊管道的能力。畢竟，通常是由父母告訴子女（而不是由子女告訴父母），他們能讀或不能讀哪些書，能看或不能看哪些電視節目。

要阻擋別人接觸資訊管道，可以透過正式的審核，例如勒令關閉報社和廣播電台、禁止播映某項電視節目，或禁止發行某本歷史教科書，也可以透過非正式的作法來完成，例如「好心的建議」對方，「別問太多問題」或者「別多管閒事」。當總統競選連任委員會財務長詢問尼克森競選團隊的財務主席，有關他付給水門「堵漏人員」的錢時，他的回答是：「我不想知道，你也不會想知道。」[18]

你也許不難想像，阻擋人們接觸資訊管道，是警察國家的一大特徵。舉例而言，在納粹占領的歐洲國家，嚴禁收聽同盟國的電台節目，而住在集中營附近的居民，則受到納粹親衛隊命令，漠視就在他們眼前上演的殘酷罪行，尤其是不准他們注視囚犯或載運囚犯進集中營的火車。居民接到明確的指令，必須把頭別開，或垂下視線。附近居民行經集中營四周時，焦慮的父母往往告誡子女：「別看，別聽。」[19]

其實，這種嚴格的審查，也有賴人們大量自我審核，而這通常涉及「知道哪些事情不該知道」[20]。因此，儘管納粹經常在大庭廣眾之下，押解德國猶太人前往東歐（更何況，關於這些猶太人前途命運的各種傳言，早已甚囂塵上），許多德國人「知道得夠多，也明白最好不要知道更多」。

同樣的，雖然住在死亡集中營附近的居民，對於火葬場冒出的煙霧及惡臭究竟從何而來，想必了然於胸，但他們都避免提出「不必要」的問題，佯裝一無所知，或多或少試著「藉由不予留意，讓自己顯得無辜」[21]（然而，不同於世故的、「禮貌性的」忽視，這顯然出於恐懼，用意在於保護自己，而不是擔心害別人丟臉）。換言之，他們假裝「沒注意其實無法不注意的事情，明白就算無法不知悉集中營裡頭及附近發生的事，還是可以別過頭去。對於集中營內的慘劇，他們雖然心中有數，但仍學著走在『免不了知情』與『明哲保身』之間的狹窄界線上。」[22]他們為求自保，而成了「讓獨裁體制得以行之於世的公民典型：**不說、不看、事後甚至不問，完全沒打算知情**」[23]。

不讓你知道，也不給你們討論！

然而，遏止人們過於好奇的社會壓力，往往跟同樣具有約束力、讓人們守口如瓶的壓力相輔而行。畢竟**權力所涉及的，不只是阻擋人們一開始接觸資訊的能力，也涉及阻止它進一步流通的能力**。舉例來說，封口費向來就是順著權力階梯向下流動，而「這件事只能你知我知」（或者「這件事不能流出這個房間」）之類的說法，通常是上司對下屬的指示，不會反向而行。

此外，噤聲，也是一種被用來充作「壓抑……箝制聲音的武器」。一九七〇年代末至一九八〇年代初，阿根廷為了鎮壓政治異議分子，發動了一場惡名昭彰的「骯髒戰爭」（Dirty War），這段期間，主政當局嚴禁人民討論他們可能目擊的「失蹤事件」——「這是悲哀的雙重鎮壓實例。首先，一群人遭到綁架，其悲慘命運未留下任何紀錄，然後他們的存在成了禁忌話題，人們再也不可能真正的談論他們。」

這種讓人噤若寒蟬的手段，也發生在納粹集中營，以及蘇維埃勞改營四周，用意就在於削去人民的力量；毫無疑問，這是極權警察國家的一大特徵。正如歐威爾令人膽寒的描述：「塞姆從人間蒸發了。早晨降臨，他沒出現在工作地點。幾個少根筋的人說長道短地談論他的缺席。隔天，沒人提到他……塞姆不再存在；他從未存在。」[24]

自由流通的訊息，往往能動搖既有的權力結構。一個人光靠散播有可能損及上司的消息，就可徹底顛覆他倆之間既有的權力關係，勒索的現象，就是最顯著的例子。一個低階的祕書，只要掌握「日後洩漏她與老闆不倫戀」的可能性，就可以讓她的權力，凌駕於看似無所不能的老闆之上。

保密，有助於防範這種破壞力十足的局面。藉由防止特定資訊公諸於世[25]，人們可以降低其威脅性，暗中穩住既有的權力結構。如同已故參議員史托姆・瑟蒙德（Strom Thurmond）*的家人，在聽到一名退休非裔美國人教師公開向全國宣布，她是這位種族隔離主義掌旗者的私生女時，受窘的表示：「如此大張旗鼓的處理事情……哎呀，這種方式真讓我們不舒服……應該私底下談的。」[26]

保密是可以透過明文規定的。例如，用來防止雇員洩漏名人私生活祕辛的特殊保密協定，或者防止人們在「必要」狀況之外，公開法務機密資料的「禁聲令」（而所謂「必要狀況」的含混定義，默默助長了更謹慎且全面的緘默）。用來保護犯罪者，使其罪行不會公諸於世的祕密和解，也具有同樣的保密效果——

*譯註：史托姆・瑟蒙德，曾任八屆美國參議員，早年曾主張種族隔離政策。

這是完全合法的行動，用意在於賄賂被害人，以換取他們的沉默。

這種做法雖然有利於被害人的財務與名譽，卻幾乎總是加害者「堅持在〔祕密〕和解中加入保密條款——而不是被害人」[27]。此外，由於這些和解往往祕而不宣，反倒縱容了罪犯繼續犯下同樣的罪行。

這類的保密條款隔絕了被害人之間的交流，在不知不覺中，讓犯罪者得以一再重複犯行，被害人往往並不知道，加害人之前也曾面對類似的指控：「社會大眾是祕密和解之下的最大輸家。消費者被剝奪了那些保護他們不受危險商品傷害所需的資訊；勞工對於不安全的工作環境一無所悉……一九三三年，莊門企業（Johns Manville）與十一名因石棉而罹患疾病的員工私下和解。假使雙方的和解未曾保密四十五年，其他數千名勞工，也許不會染上呼吸道疾病。」[28]

同樣的，當此類和解被用來——比如說，保護有戀童癖的神父，被害人將無從得知他們是廣泛受虐案件中的其一。相反的，由於相信自己是單獨的案例，被害人往往認為，他們所受的傷害是特例，甚至還會認為自己得負部分責任。

的確，正是基於祕而不宣，教會當局才得以將這種累犯調到其他教區，姑息他們，讓他們繼續侵犯更多不疑有他的年幼被害人：

如今撼動天主教的狎童醜聞……最令人憂心的層面，是法庭制度扮演的幫凶角色。法官一再簽署文件，同意兒童性侵案件達成祕密和解，放任犯罪的神父再度猥褻兒童……一名審理神父性侵案件、同意封存案件法庭紀錄的波士頓法官表示，「倘若知道問題如此氾濫」，她也許不會這麼做。當然，正是她的這種判決……幫助隱瞞了教會狎童問題的嚴重性。[29]

人們對於如此眾多祕密和解造成的蓄積效應……抱著一股明顯的不安。「拿了他們的錢，如今讓我很羞愧。」雷蒙．辛尼波帝（Raymond P. Sinibaldi）

這麼說。他在指稱遭神父侵犯後，於一九九五年取得教會的和解金……「我應該……提出訴訟，召開記者會公布這件事。如果我當時這麼做，問題很可能早就被揭發了。」[30]

不用說，梅根法案（Megan's Law）*和其他禁止私下和解的努力，正是為了要彌補祕密所具有的「分化」效果[31]。

想封住別人的嘴？方法很多……

然而，諸如「閉嘴」或「不要說了」之類的通俗表達方式提醒了我們，實際上防止「敏感」資訊廣為流傳的，往往是非正式的壓力，而不是正式的封口令跟祕密和解。

這種壓力，有時還會涉及肢體威脅，例如，強暴犯堵住被害人嘴巴不讓他們呼叫求救，或者如十七世紀的英國，竟以帶有尖刺的「毒舌鉤」，圈住亂嚼舌根者的頭部與舌頭[32]。

然而，要使一個人噤聲，最常見的，是靠口頭的威脅。例如，施暴者或其他受害者要求被害人不要說出發生了什麼事。在派特．康洛伊（Pat Conroy）的《潮浪王子》（*The Prince of Tides*）中，主角湯姆．溫格追憶他和母親、妹妹一同遭到強暴之後的事件餘波：「在父親回家前，母親把我們聚到客廳，使勁說服我們承諾，絕不告訴任何人有關那天發生在我們家的事……她威脅我們，假如我們違背承諾，她就跟我們斷絕母子關係。她發誓，只要我們洩漏在那可怕的一天發生的

＊譯註：根據梅根法案，執法機構應對假釋後之性侵害前科犯，執行「警局登記」與「通知社區」，警告社區民眾該前科犯居住的處所，讓社區居民有所警覺及提防。

任何細節，她就不再跟我們說話。」[33]同樣的，哥倫布為了說服西班牙王室相信，他的第二趟航程確實抵達了中國，竟然威脅船員，要是有人膽敢說出哥倫布從未證明古巴確實是他聲稱的亞洲大陸的一部分，他會割掉洩密者的舌頭[34]。

不過，很多逼人噤聲的手法，往往比較隱晦。「進去讀這份檔案，」電影《指揮決策》（*Command Decision*）中的司令官，遞給記者一份機密檔案時說：「然後忘記你讀過的資料。」同樣的，當好幾位白宮特勤組專員目睹陸文斯基打翻醋罈子，把場面搞得很難堪時，柯林頓總統只需告訴他們的指揮官：「希望你運用判斷力。」指揮官於是用同樣隱晦的方式，指示那些特勤專員：「剛剛發生的事情，並未發生。」[35]

就此而言，再回頭想想〈國王的新衣〉中，那兩名騙子設法先發制人，堵住眾人嘴巴的方法，他們聲稱那匹想像中的布，具有「一種奇異的特質，任何不稱職或太愚蠢的人都看不見」[36]。又如電影《殞落的偶像》（*The Fallen Idol*）中令人印象深刻的描述，人們同樣可以藉由誘騙孩子、跟孩子分享只有他們得以祕密參與的獨家消息，防止他們洩漏目睹到的不法事件。

的確，要封住別人的嘴，有時甚至完全不需要靠言語。例如，利用升遷或加薪，來換取目擊者心照不宣的沉默；或者如性侵兒童的惡狼，拉下窗帘或鎖上門閂的動作[37]。

讓他人噤聲，往往可以在全然沉默中完成。

第 4 章

盡在不言中的「你不說，我不問」

集體沉默的旁觀者

發言一人即可，沉默卻有賴眾人合作。

——羅伯・皮騰格等《最初五分鐘》（Robert E. Pittenger et al., *The First Five Minutes*）

當我們從社會學、而不是傳統心理學的角度來探討「否認」，很快就可發現，「否認」所牽涉的，通常不只是一個人。事實上，我們所面對的，是牽涉層面超過單一個體的社會現象——「共同否認」[1]。因此，為了研究沉默的串謀，我們首先必須認清：不論與事者是三兩朋友或一個大型組織，「沉默的串謀」總是涉及整個社會體系。

共同否認的前提，是共同迴避。唯有當周遭所有人心照不宣地迴避著屋裡那頭龐然巨象，我們才算遭遇了貨真價實的沉默的「串謀」。

聰明人，總是懂得展現「得體的不好奇」

就如「共同否認」一詞所首要表達的：沉默，是一種集體的努力，需要訊息的「可能產生者」及「接受者」兩造，共同對此特定訊息諱莫如深。「**說話，一**

個人就可完成，沉默就不同了，它有賴集體合作。」[2]

沉默的串謀，有賴資訊的非製造者（non-producer）的謹言慎行，以及非使用者（non-consumer）的不予留意。正是那些避免提及屋裡大象的人，以及相應地，不詢問屋裡大象的人集體努力，串謀才得以成立。

為了充分理解共同否認的社會發展動態，我們得再次造訪我們的三隻小猴子。雖然乍看之下，似乎只有「非禮勿言猴」需要為造成沉默負責，然而，為了洞察沉默與否認的癥結，我們也必須思索牠的兩個搭檔，仔細檢驗三者之間的關係。

比方說，不說與不聽之間的共生關係[3]，就像是「守口如瓶」與「世故圓滑」之間的微妙關係。拿柯林頓來說，若他要隱瞞自己跟陸文斯基的緋聞，周圍的人就不能太好奇——至少在公開場合必須如此。因此，儘管他的私人祕書貝蒂·柯里（Betty Currie）略起疑心，但是她盡量試著「避免得知詳情」。就連照理說對白宮特勤組有監督之責的財政部長羅伯·魯賓（Robert Rubin），都刻意避免得知手下的特勤專員對這樁緋聞有多少了解。

「我對實情一點興趣也沒，」他後來解釋，並且補上一句，事實上「就算他們想告訴我，我也不想聽」[4]。

後來，當這位美國國王試圖掩飾他那眾所周知一絲不掛的事實時，他也同樣仰賴周圍的人展現出得體的不好奇。如同史蒂芬・史匹柏（Steven Spielberg）的表現：「我從不點破，問他事情是否屬實，所以他從來不需要對我撒謊。每次碰面，我們會聊聊家庭，天馬行空高談闊論，可是我們絕口不提屋裡的那頭大象。」[5]同樣的，當柯林頓在一九九八年醜聞案爆發後幾天，以及一九九九年彈劾案審查期間發表國情咨文時，他也仰賴聽眾合宜的舉止，以及他們願意世故的佯裝對這樁高度尷尬的事件一無所悉。

此外，正如湯瑪斯・傑佛遜（Thomas Jefferson）謹慎隱瞞他和女奴莎麗・海明斯（Sally Hemings）之間的姦情，讓他的家人得以不知情，並且也因此可以很技巧地，讓其他人也能有技巧地不去注意到這件事。畢竟，假使有人希望我忽略（或者至少假裝忽略）他們，他們自己也得格外謹慎，別太招搖，免得我無法不注意他們。

的確，當別人非禮勿言，我就可以很容易的非禮勿聽；而當別人「非禮勿現」，要我非禮勿視也會容易許多。就像一般人面對裸體的時候，那種不自在的態度，其實是由「一副若無其事、而且沒在偷看」的人，以及「一臉莊重、而且沒有裸露」的人，所共同襯托出來的。藉由謹言慎行，我們其實幫助了別人不讓我們受窘[6]。

非禮勿現者與非禮勿視者所享有的「平等保護」（equal protection），源於沉默串謀的背後、兩股對立的社會力量之間的對稱關係。這種對稱，即便在高度不對稱的關係中仍顯而易見，比方說，子女與父母雙方都不願意討論跟性有關的話題，就是個最好的例子：前者不好意思問（日後也會不好意思說），後者同樣不好意思說（日後也會不好意思問）。

再想想那些意圖隱瞞自己暴行的人，跟另一個急著想否認暴行存在（包括對自己否認）的人之間，所存在的驚人對稱性，例如電影《官方說法》（*The Official Story*）中，缺乏政治好奇心的阿莉西婭，與她滿嘴託辭的丈夫羅伯托之間的共生關係。或者，就像可怕的施暴者與恐懼的目擊者之間的沉默，那種令人膽寒的對稱動態：納粹試圖對集中營附近的居民，隱瞞營內所進行的恐怖事件，而後者則自動自發地，對這些事件的存在視若無睹[7]。

你我之間，隔著「沉默的兩道高牆」

藉由非禮勿視與非禮勿現，或者非禮勿聽與非禮勿言之間的通力合作，我們構築了「沉默的兩道牆」（"double wall" of silence）。

這個理論最早由心理學家丹・巴旺（Dan Bar-On）提出，談的是昔日納粹施暴者與其子女的關係，然而諷刺的是，這套理論也同樣適用於被害者與其子女的關係。畢竟，籠罩在大屠殺倖存者家中的凝重沉默，乃是源自於「兩股衝突力量的糾葛：倖存者的壓抑，以及其子女對於發掘真相的恐懼」。

一位倖存者子女回憶，大屠殺這個話題「從未被明言禁止。假如我或弟弟試圖把話題導向那方面，絕不會被要求閉嘴。只不過，我們從來沒這麼做」。這說明了為什麼有人可以一輩子弄不清楚，究竟是誰阻止她的母親說出祖母是怎麼死的：「我不知道對話之所以中止，究竟是我造成的，還是她造成的。」雙方八成都有責任[8]。

如同美國軍方明文規定的「不問不說」政策，圍繞在同性戀議題四周的象徵性「衣櫃」，在結構上與功能上有著驚人的相似性。這兩道高牆，基本上是「同性戀與異性戀者通力合作下的產物」。畢竟，有別於一般人的認知，它「不僅是道屏障……阻擋外面的人聽見」，也同時「阻擋裡面的人洩漏祕密」[9]。

再想想醫生跟絕症病患之間，對於病患的即將死亡所共同構築出來的兩道高牆：「醫生跟病人都知道，後者罹患的是不治之症，也知道彼此心知肚明，但是他們不談論這件事，」因為「醫生不喜歡談它，病人也不強迫」。這種盡在不言中的「你不說，我不問」協議，也存在夫妻之間，例如她「不批評他盯著年輕女孩子瞧」，而他也「從不提起自己懷疑她假裝高潮」；或者，他們寧可想盡辦法替欺瞞行蹤的對方找理由，也不願公開「拆穿（他或她的）西洋鏡」[10]。

第三道、第四道、第五道牆……

然而，沉默築起的高牆，往往不只有兩道。因為參與其中的串謀者，絕不限於兩人。舉例而言，想想在古希臘作家索弗克里斯（Sophocles）有關共同否認的經典故事《伊底帕斯王》（*Oedipus Rex*）中，有多少共謀者協力對伊底帕斯隱瞞他弒父娶母的事實。畢竟，克瑞昂（Creon）在調查萊厄斯（Laius）之死時，為什麼從不傳喚唯一一名確實能指證伊底帕斯殺了萊厄斯的倖存目擊者呢？同樣的，在他們十七年的婚姻關係中，約卡斯妲（Jocasta）為什麼從沒發現，在她那異常年輕的腫腳丈夫（希臘文中，oedipus 的意思正是「腫腳」），跟她那當初腳上被生父萊厄斯穿洞丟棄、如今若還存活剛好跟他同齡的兒子之間，存在著不證自明的連結？再者，城中耆宿為什麼如此頑固，完全無視提瑞斯厄斯（Tiresias）對於伊底帕斯殺害萊厄斯的公開譴責[11]？

正如索弗克里斯如此技巧地提醒我們的：父母與子女之間的亂倫，涉及的不只是一名家長跟一個孩子。在子女受到父母性侵害的家庭中，另一個家長往往因視而不見而成了幫凶（同理，當神父犯下性侵害，照理應負起監督責任卻視若無睹的主教也難辭其咎）。同樣的，雖然嚴格上來說，家暴事件只涉及一個試圖保密的毆妻者，跟一個因過度難為情而不願說出真相的被害者，然而家暴事件四周的沉默，往往涉及其實心知肚明、卻不知為何不願意通知當局的家庭成員、鄰居和朋友。

迴避大象的行為，就是一頭大象

弔詭的是，沉默往往被聲音所掩飾。所謂的閒嗑牙、神經質的喋喋不休和旁敲側擊，無非是不同型態的「喧鬧的串謀」[12]，旨在掩飾令人手足無措的沉默（「背景」音樂亦復如此。想必是鐵達尼號沉沒之際樂隊仍持續演奏的震撼影像，激發了藍迪．席爾茲〔Randy Shilts〕的靈感，把有關於一九八〇年代對愛滋病流行諱莫如深的報導著作，定名為《樂隊演奏》〔*And the Band Played On*〕*）。

當屋裡盤踞著一頭大象，我們往往會尋找「某個有別於當前事件的主題」，試圖轉移話題[13]。

然而比起掩飾，**串謀者之間從不真正討論沉默本身，讓沉默的串謀更具殺傷力**。不同於公開講明不談論某件事（「別碰那個話題吧！」），串謀者避而不談的作法，顯得曖昧不明，潛藏在沉默背後的微妙社會動態，也因此隱而不宣。「如同〈國王的新衣〉，每個人都知道說實話是危險的……可是『說實話是危險的』本身，是『不可說』的。」[14]

有關沉默的緘默，或所謂超沉默（meta-silence）的最佳範例，就是圍繞在祕密四周的遮掩態度。正如馬克．喬登（Mark Jordan）鞭辟入裡的評論：「如果說，天主教神職人員的同性戀行為有任何『祕密』可言，這個祕密就是：那必須被隱藏起來、對於不確定與恐懼的焦慮。這焦慮，是各種保密措施背後的動力。這焦慮本身，就是『祕密』。」[15]

的確，屋裡的大象如此難以談論的原因，就在於「不僅沒有人願意聆聽，也沒有人願意談論不肯聆聽這件事」[16]。換言之，迴避大象的行為本身，就是一頭大象！我們非但迴避它，更不承認我們迴避它，也就是否認我們的否認。

如同「禁止觀看禁看規則的規則」（rules against seeing rules against seeing）、「禁止談論我們被禁止談論」特定議題，或者「我們沒看見我們寧可沒看見的事物，也沒看見我們沒看見的事物」的事實，此類超否認（meta-denial）以一種特殊的自我欺騙方式為前提，亦即歐威爾赫赫有名的「兩面思考」（doublethinking）**，或「有意識地引發無意識，然後……對自己剛才的催眠行為毫無意識」。因此，在《一九八四》中，當東亞國突然之間接演歐亞國做為大洋國宿敵的傳統角色時，大洋國人民立刻著手摧毀或塗改任何涉及該國與歐亞國之間長期

---

* 譯註：此書後由HBO於一九九三年改編拍攝成電視電影《世紀的哭泣》。

** 譯註：讓兩種互相違背的想法或信念在腦中共存。

戰事的資料，歐威爾語帶機鋒：「這件工作極度艱巨，特別是其中的過程是不能被明說的。」[17]

難怪，我們常把沉默的旁觀者視為幫凶……

確認了社會體系是研究沉默串謀的合理背景後，我們接著要分析的是，最可能影響人們參與串謀的社會關係與社會情境的結構特徵。我們需要比較對等關係與涉及權力糾葛的關係、公開場合與私下場合等等。

很顯然的，一個人參與沉默串謀的可能性，深受他與屋裡大象的距離遠近所影響。距離越近，否認大象存在的壓力越強。的確，率先打破否認之牆、公開表明國王其實沒穿衣服的人，正是站在街上觀看皇家遊行隊伍的民眾，而不是隊伍中的一員[18]。

影響力同樣重大的，還有大象周圍群眾之間的社會距離。畢竟，當我們的社會距離「越近」，我們越能彼此信任，越容易推心置腹。反之，正式關係與孕育沉默串謀的社會環境（如官僚體系），則比較可能阻礙人們開誠布公，因而助長了沉默。

人們之間的政治「距離」也同樣重要。一般而言，人們較容易信任平輩，而不信任上司。因此，具備科層結構因而帶有顯著權力差異的社會體系，會對坦率的態度產生較大的阻力。

然而，人們是否參與沉默的串謀，影響至深的關鍵性結構因素，在於實際參與串謀的人數。一般祕密的價值，在於消息的「排他性」（也就是說，只有很少人知道這個祕密）[19]，但是，公開的祕密正好相反，因為它代表著更多人（而非更少）「知情」。換言之，串謀的人數越多，沉默就越「沉重」、越「震耳欲聾」。因此，嚴格禁止一對一的接觸（例如在《一九八四》中溫斯頓與茱莉亞的違法相會），是反烏托邦的警察國家確保人民絕不會公然討論某些議題的最有效方式。

正如現代社會學創建教父之一齊美爾（Georg Simmel）的著名論證，我們只需要比較三人互動與兩人互動之間的差異，就可以明白社會互動受參與人數的影響有多深。有別於兩人的沉默串謀，即便只有三名參與者的串謀，在否認的社會結構中，都可能出現新的關鍵人——沉默的旁觀者[20]。

如同電影《事件》（*The Incident*）中那令人不寒而慄的描述，兩名年輕流氓竟能脅迫整列地鐵，正「因為」（而不是「儘管」）有眾多乘客集體旁觀；透過眾人的沉默，人們有效地牽制彼此起身阻止流氓的暴行。難怪我們經常把沉默的旁觀者視為幫凶，他們藉由默默體現暴行的不可談論性，進而促成了人們的否認。明知丈夫或男友侵犯女兒仍三緘其口的婦女，正因她們頑固地拒絕承認事實，反倒助長了罪行。當一個人的朋友、親戚和同事視若無睹，假裝沒注意此人酗酒或嗑藥的明顯跡象時，也是同樣的狀況[21]。

真相的頭號大敵，是多數

沉默的旁觀者之所以成了幫凶，是因為當看著人們忽略某件事，會促使一個人否認事情的存在。正如顯示社會壓力如何影響認知的研究所示，當周圍似乎沒有人留意到你所看見或聽見的事情時，要信任自己的感官，繼續說服自己確有其事，在心理上就困難多了。在別人顯然沒辦法注意到，以及你自己感官經驗之間的落差，製造出了一種含糊感，更提高一個人最後臣服於社會壓力，選擇否認的可能性[22]。

當沉默旁觀的人數越多，這種壓力也越重。正如易卜生（Henrik Ibsen）的劇作《國民公敵》（*An Enemy of the People*）中，斯多克蒙醫生——一個勇敢且堅我決對抗否認的戰士——注定要發現的：「**真相的頭號大敵……是多數。**」[23]當我見到越多人忽略屋裡的大象，我就越難堅信我自己的判斷力所告訴我的：它確實站在那裡。而當沉默旁觀的人數遞增，堅定抗拒群眾壓力、不願加入串謀否認大象存在的少數人，其弱勢地位難免顯得格外鶴立雞群。大家都知道，當周圍有三十個人（而非只有三個）似乎不願談論某個不可提及的話題時，要去觸碰這樣的議題，更讓人覺得卻步。

再者，目睹許多人「共同」忽略大象，與目睹每個人「各自」忽略大象，是截然不同的體驗，因為，前者還涉及到觀察人們目睹彼此忽略大象之後，所造成的額外心理衝擊。不同於面對許多獨自處於否認狀態的個體，你是被圍繞在所有人顯然串通一氣的群體之中。此外，從兩人串謀到三人串謀（更別提人數更廣的串謀），牽涉了從純粹人際間的社會壓力，大幅度轉移到我們所謂的群體壓力。在群體壓力下，打破沉默事實上不僅讓某些個體感到不自在，更侵犯了神聖的社會禁忌，因此容易引發強烈的恐懼感。

同樣的，請注意私下交談和公開對話之間的差異。向好朋友吐露婚姻問題，很少是為了讓別人公開消費的。同樣的，「當關起門來，安全無虞，」同事之間也許樂得拿上司的貪污或無能來竊竊私語，「……可是只有傻子或天真的人，才敢公開談論這件事。」這也說明了為什麼**比起公開演說或電視節目，廁所裡的塗鴉更容易悖離「政治正確」**[24]。

一整個社會，竟能集體拒絕談論領袖的無能……

沉默的串謀似乎隨時間而遵循某種特定軌道開展。為了掌握沉默串謀的完整概念，我們也必須探討它們高度模式化的社會動態[25]。

在〈國王的新衣〉中，雖然丞相或其他受國王倚仗的參贊，都沒看見那不存在的布料，但他們都假設除了自己之外，每個人——包括國王——都看得見，因此極盡能事地盛讚布料之美，以維護自己的名聲。然而他們壓根胡說八道的證詞，轉而導致國王認定自己必定是唯一看不見這塊布的人。「『這是怎麼回事？』國王自忖，」看著空無一物的織布機：「『我什麼也沒看見哪！天啊，真不幸！難道我太笨了嗎？難道我不配當國王嗎？』」然而，「他大聲讚歎，『真美啊。』」於是幫忙鞏固了由必然的錯誤假設所構成的惡性循環。因此，故事繼續發展，「每一位參贊、大臣和要人……一看再看，與國王所見殊無二致，」然而他們「異口同聲附和國王說：『真美啊。』」[26]。

同樣的，當員工目睹同事對會議中說得清清楚楚的話置若罔聞，而此時若有另一名同事也同樣如此，那麼，這句話不重要的印象，就會得到強化。的確，當每一名串謀者的否認，得到其他串謀者的否認所支持，惡性循環很可能就此產生，因此，當第三、然後第四個人加入串謀時，他們的集體沉默，就會得到更強烈的回響。

「沉默，」保羅．賽門這麼說：「如癌細胞蔓延。」[27]而這正是一整個社會，竟能集體否認其領袖的無能、恐怖暴行，和迫在眉睫的社會災難的原因。

「大象」的體型，通常反映出年齡……

沉默的強度不僅如此受到串謀人數所影響，也受到串謀的時間長短所影響。從老夫老妻的性生活品質普遍缺乏溝通來看，只要拖得夠久，即便在只是兩人的互動中，沉默都可能相當「沉重」。的確，儘管理論上而言，時間越長，沉默被打破的機率越高；然而實際上，隨著時間推移，沉默反而越來越令人卻步。

這主要是因為沉默固有的蓄積特性。如同否認的其他型態（曾接受心理治療的人都很清楚），沉默具有自我強化的本質，沉默得越久，就越需要「以更多的沉默掩飾（我們的）沉默」[28]。今天的沉默，明天越難打破。

山繆爾·約翰生（Samuel Johnson）曾說過：「沉默可以自行擴散開來，對話中止越久，越難找到話題。」同樣的，「（事情）拖越久不討論，日後越難談及。」如同珍·斯邁利（Jane Smiley）的《千畝園》（*A Thousand Acres*）中令人心碎的情節，姊妹倆竟得花上二十多年，才覺得自己準備好（那是說，要是真能準備好的話），可以跟彼此談及受到父親侵犯的共同記憶[29]。

誠然，「大象」通常隨著時間而成長，其比喻上的體型，則反映出它們的年齡。我們假裝沒注意的時間越長，在我們腦海中，它們就隱隱約約變得更大。一名大屠殺倖存者的子女，如此描述圍繞在雙親創痛往事四周的沉默：「（它）一年比一年更高大，我也越來越能感受到它的存在，並且意識到，既然它主宰著我們的生活，我們卻從不加以討論，這是多麼的奇怪。」[30]

試想，在大象變得太大、其存在變得太明顯，讓人無法相信你可以忽視它之前，人們可以維持多長時間，假裝自己沒看到屋裡的大象？是否有任何方法，可以打破這種看似無止境的否認循環？究竟，如何才能終止沉默的串謀？

第5章 第四隻猴子出現了！

打破沉默串謀，讓「大象」發出更多聲音

「可是他什麼衣服也沒穿啊！」一個小孩大叫。「聽聽這天真的孩子。」驕傲的父親說。於是人們開始交頭接耳，把孩子的話傳開來。「他什麼衣服也沒穿。有個小孩說他什麼衣服也沒穿！」「他沒穿衣服！」最後，所有老百姓都這麼嚷嚷著。

——安徒生〈國王的新衣〉

弔詭的是，雖然加入沉默串謀的壓力，隨著串謀者越多、串謀時間越長而越形強大，然而終結串謀的機會，也同樣隨之遞增。也就是說，當沉默變得越發沉重，打破沉默的機會也越高。正如〈國王的新衣〉結局所示，即使只有一人不願否認大象的存在，這個人最後也許能帶領所有串謀者，公開承認大象的存在。

況且，就算沒有任何一個串謀者真的打破沉默，仍然存在著他們也許會打破沉默的可能性，而這就讓潛在的打破沉默者得以融入串謀圈子，成為沉默串謀的一分子。於是，我們可以在非禮勿視、非禮勿聽、非禮勿言的三尊智猴像中，加入第四隻猴子，這隻猴子隨時可能突破所有禁忌，打破沉默。

下頁這幅後水門事件的漫畫[1]，在三尊智猴像上，加入正在跟美國頂尖調查記者傑克・安德森（Jack Anderson）通電話的第四名成員，嘲諷地捕捉了可能破壞沉默串謀的社會力量，同時也提醒著我們：通常當人們否認某件事情的需求有多強烈，揭露這件事情的欲望也會同樣強烈[2]。

打破沉默不是揭密，只是「拆穿公開的祕密」罷了

要打破沉默的串謀，第一步，是必須承認屋裡存在著大象（畢竟，不承認正是公開的祕密的最大特徵），而且必須是「公開」承認。私下承認大象的存在，絕對無法終止牽涉了兩人以上的沉默串謀。

烘衣機的發明，讓我們不必再將私密的貼身衣物掛到戶外晾乾[3]，但打破沉默正好相反：它會把一件向來隱祕的事推到大庭廣眾之下，公諸於世。好比說，儘管許多蘇聯人民對於史達林犯下的暴行了然於胸，但是直到赫魯雪夫公開譴責，以及隨後索忍尼辛（Aleksandr Solzhenitsyn）發表《悲愴的靈魂》（*One*

「喂，請問是傑克・安德森嗎？」

Day in the Life of Ivan Denisovich），揭露古拉格制度的恐怖之後，四周震耳欲聾的沉默才被**公開**打破。

同樣的，儘管近四十年來，許多以色列人深知巴勒斯坦難民問題的產生，以色列扮演了重要角色，然而以色列歷史學家班尼·莫里斯（Benny Morris）的著作《巴勒斯坦難民問題的根源》（*The Birth of the Palestinian Refugee Problem, 1947-1949*）之所以引發軒然大波，就是因為他打破了多年來不公開談論此話題的不成文規定；此外，縱然有數百萬美國人民知道小布希判斷力很差、很無情，而且對二〇〇三年入侵伊拉克的後果令人難以置信地不負責任，但是，卻要到二〇〇五年卡崔娜颶風淹沒紐奧良之後，對於這位總統明顯失職的沉默，才被美國媒體公開打破[4]。

簡言之，要打破沉默的串謀，就要讓大象的存在成為輿情的一部分。難怪我們用摀嘴猴子的形象，象徵此類串謀的一大關鍵要素。一張未被摀住、甚至有可能打開的嘴巴，意味著開誠布公，而這就是反制沉默的最佳之道。正如高明的打破沉默者、以其自稱「政治不正確」的不合時宜而知名的比爾・馬赫（Bill Maher），在他為宣傳電視節目《比爾・馬赫說真話時間》（*Real Time with Bill Maher*）而錄製的廣告中，戲謔地扯開嘴上的膠帶，提醒觀眾「膠帶是用來貼窗子，不是拿來封嘴的」。

開誠布公當然是阻止和拆穿否認的一大利器。想想看，要打破兒童性侵害事件四周的否認之牆，開放式溝通所能扮演的角色；或者，將大屠殺倖存者的證詞置於公共領域的道德必要性；又或者，想想家人的干預，如何幫助扭轉酒鬼、毒蟲跟他們的幫凶之間的否認動態（正如海琳娜・羅希〔Helena Roche〕的《沉迷之路：從幫忙到介入》〔*The Addiction Process: From Enabling to Intervention*〕副書名所示）[5]。

再對照愛滋病流行的一九八〇年代，同性戀行動主義者促使知名公眾人物

「出櫃」（亦即公開其隱藏的同性戀性向）的努力，以及共和黨在二〇〇四年對於同志婚姻的反對[6]。在華倫・強納森（Warren Johansson）跟威廉・帕西（William Percy）合著的《出櫃：粉碎沉默的串謀》（*Outing: Shattering the Conspiracy of Silence*）中，副書名所指的，不啻是一種「開誠布公的串謀」，目的就是要促使同性戀者公開承認自己的性向，打破圍繞在普遍存在卻不被承認的同性戀現象四周的那道「否認之牆」。

我們不妨觀察一下，那些鼓勵特定人士出櫃的作法，以及從社會現象角度揭露同性戀普遍程度的努力之間，存在著怎樣的差異。這就像政府「公布特定性罪犯身分」的作法，與提醒我們「重視強暴或兒童色情書刊」的社會運動之間的不同，兩者都凸顯了「**揭密**」與「**打破沉默**」之間的根本區別。

打破沉默者，如左拉（Émile Zola，其公開信〈我控訴〉〔J'accuse〕，打破了社會大眾對於德雷福〔Dreyfus〕事件相當明顯的反猶太基調的沉默*）或霍赫胡特（Rolf Hochhuth，其一九六三年的劇作《代理者》〔*The Deputy*〕，打破了圍繞在梵蒂岡和納粹大屠殺之間的串謀關係周圍那股漫長且震耳欲聾的沉默）[7]，跟丹尼爾・艾斯伯格（Daniel Ellsberg）、艾琳・布勞克維奇（Erin Brockovich）、安妮塔・希爾（Anita Hill）或理查・克拉克（Richard Clarke）等**揭密者**之間，存在著天壤之別。打破沉默者並非揭發我們毫無所悉的祕密，他們「拆穿」的，是我們心知肚明、卻不願意當眾承認的公開「祕密」。藉由公布「背景」而非「內幕」消息[8]，他們協助揭露了「大象」，而不是揭密者可能揪出的「骷髏頭」**。

我們喜愛紀實片，卻活在不實的年代中

想讓人們承認大象的存在，大象必須先主動引起注意。而要引起注意的先決條件，就是把大象從「背景」中拉出來，成為大家都會注意到的「圖像」。要讓

人注意到那些原本受忽略的事，就必須積極扭轉圖像與背景之間的關係。換言之，要打破沉默的串謀，必須將屋裡的大象拉到前景來[9]。

如果要把大象置於最突出的位置，就得先加強它的能見度，一方面，把聚光燈對準大象，另一方面，張開人們的雙眼，讓人們看見它。例如盟軍公開展示記錄納粹暴行的相片，就強迫著德國人民認清大屠殺的事實[10]。就像很多小孩想像中躲在床底下的怪物一樣，「大象」也會從潛藏的陰影中汲取力量，一旦燈光乍

＊編按：一八九四年，猶太裔法國上尉德雷福被裁定叛國罪，流放外島。軍方後來發現其無辜，卻不願承認錯誤。雖然最終德雷福的冤屈得以洗清，但此事件卻引發社會極大爭議，對整個法國影響甚巨。

＊＊編按：艾斯伯格，將五角大廈關於越戰的機密文件洩漏給媒體。布勞克維奇，揭發大企業污染公共用水、造成社區居民受害的真相，電影《永不妥協》即改編自她的故事。希爾，出面指控美國大法官提名人湯瑪斯（Clarence Thomas）性騷擾。克拉克，前美國國安會主持反恐的資深官員，辭職後出書抨擊小布希。譯註：骷髏頭，象徵醜事。

現，它們就會力量盡失。難怪我們會把人們突然領悟某件事的情境，叫做「開眼」。好比說，當亞當夏娃吃了智慧樹的果實，「他們兩人的眼睛明亮了」，旋即發現自己赤身露體，這是他們之前顯然知道，卻從未清楚意識到的事[11]。

然而，否認不僅是視而不見，也包含充耳不聞，因此，要打破沉默的串謀，也需要讓「大象」發出更多聲音。電影《飛魂谷》（*Downhill Racer*）中，就有一段張力十足的情節，勞勃·瑞福坐在卡蜜拉·史芭芙的車裡，聽著她喋喋不休東拉西扯，卻避而不談她在他們計畫共度的假期中爽約的事實，勞勃·瑞福被惹惱了，冷不防地猛按車上喇叭，使出非常手段，強迫她面對在這段觸礁的關係中，她還不承認自己漸行漸遠的事實。

廣播電台主持人蘇珊·戴比妮（Suzan Debini），在以色列廣播電台的阿拉伯頻道中，開設了一個名副其實的談話性節目——《直言不諱》（*Speaking Honestly*）。她在節目中描述她的行事：「在阿拉伯社會中，有些話題是被嚴禁的。

人們莫不把問題一古腦兒掃到地毯底下，說，『沒有問題』，我於是掀開地毯，種種問題現出原形。」[12]

以破除偶像為畢生職志的紀錄片導演麥克·摩爾（Michael Moore），在二○○三年奧斯卡頒獎典禮上致詞時，再度為這種直言無忌的態度樹立典範。在這場原本正經八百、主辦單位精心設計、假裝忽略其時間點就在美國入侵伊拉克之後幾天的典禮上，摩爾說：「我們喜愛紀實片，卻生活在不實的年代中。我們活在一個以不實的選舉結果，選出不實總統的時代。我們活在總統基於不實的理由，派遣戰士上戰場的時代。不論是有關膠帶的謊言，或有關橙色警戒的謊言，我們反對這場戰爭，布希先生。可恥啊，布希先生，可恥啊。」[13]

把大象拉到前景的做法，就跟揭密一樣，往往靠書面完成。例如：亂倫受害者的回憶錄、為了讓民眾讀到傳統報紙經常忽略的議題的「小眾」報紙、充滿強烈自覺意識的積極社會主張，如《我們的身體，我們自己》（*Our Bodies, Our-*

selves）或《伊斯蘭問題》（*The Trouble with Islam*）、探索鮮少有人觸及的閨中空虛問題的小說，以及想要引起人們注意傳統上備受忽略的社會生活層面的社會學研究[14]。

先替大象命名吧！

要把「大象」拉到前景，往往需要替傳統上無以名之的事情命名，使它更易於討論，例如女性主義者貝蒂．傅瑞丹（Betty Friedan），針對傳統上圍繞在家庭主婦現實面的沉默，所發出的著名批判。該書第一章的標題，就是「沒有名字的問題」，開場白是這麼寫的：「這問題多年來深埋在美國婦女的腦海中，默默無言。」或者如泰德．科佩爾（Ted Koppel）在《夜線》（*Nightline*）特輯中，大聲宣讀數百名在伊拉克戰爭中陣亡的美軍名字，藉此凸顯被大眾埋到背景後的人類成本。

某種程度的坦率，也是不可或缺的。基本上，只要使用跟助長否認的伎倆（如婉轉說法和拐彎抹角）恰好相反的方式，例如「有什麼說什麼」，就可以打破沉默的串謀，好比CNN的渥爾夫．布利澤（Wolf Blitzer）在記者會上，大膽詢問柯林頓總統是否有什麼話想對陸文斯基說，藉此含蓄地質疑柯林頓高分貝否認自己認識「陸文斯基那女人」的說法[15]。

「大象」也可以利用藝術——例如抗議歌曲或反戰活動，後者如聖塔芭芭拉及聖塔莫妮卡海灘上的「阿靈頓西」（Arlington West）假公墓[16]——或幽默故事浮上前景。例如在《喬恩．史都華每日脫口秀》（*Daily Show with Jon Stewart*）的一個橋段中，演出美國國會報告裡出現二十八頁空白，蹩腳地企圖「不提及」沙烏地阿拉伯在九一一攻擊事件中，顯而易見卻十分尷尬的角色，冷面笑匠史帝芬．柯貝爾（Stephen Colbert）以嘲諷的口吻說道：「瞧瞧這份報告，我的意思是，仔細瞧瞧。注意這些黑色粗線和留白的運用……這份報告在詢問我們：『何謂政府報告？真的需要內容嗎？』它強迫讀者痛苦的重新評估我們對細節、名字、日期、地點的社會依存度……我只能說：『幹得好，布希政府，這份了不起的報告真是太好了！』」[17]

難怪有那麼多笑話，總是圍繞著傳統上受「政治正確」言論規範保護的禁忌話題打轉，例如性、身體功能以及社會族群（殘障人士、少數族裔等）。的確，在某些政治環境下，幽默是唯一能安全凸顯「大象」的言論型態。畢竟，即便在納粹德國，人們至少可以用笑話，揶揄其國家領袖的實際長相，跟他們極力標榜的完美亞利安人之間的落差，反諷典型的德國人應該：「髮色如希特勒一般金黃，身材如戈培爾（Goebbels）般高大，體型如戈林（Göring）般苗條。」[18*]

當然，要打破沉默的串謀，不能只靠一己之力。許多社會運動的存在，就是為了喚起民眾覺知原本隱晦不察的社會問題。五月廣場媽媽（Mothers of the Plaza de Mayo）的公開示威，抗議阿根廷政府在一九七〇年代末為打壓政治異議人士而展開的「骯髒戰爭」[19]，就是以集體力量凸顯大象的經典案例。類似的例子還包括了旨在提高大眾認識婦女性侵害問題的「收回夜行權」（Take Back the Night）遊行，以及眾多人權團體為揭露傳統上受忽略族群（如血汗工廠內的勞工和難民）的困境所做的努力。

對於試圖打開我們雙眼的人，我們通常置之不理

和沉默本身一樣，打破沉默也需要整個社會的共同合作[20]。第一個提及屋裡

* 譯註：戈培爾為納粹德國的宣傳部長，自幼患小兒麻痺，腿有殘疾。戈林，納粹德國空軍元帥，體態肥胖。

大象的人，不過是在承認大象存在的過程中打了先鋒，正如〈國王的新衣〉裡，男孩父親的角色提醒我們的，其行動還必須得到其他人的附和。若要確實終結沉默的串謀，最後絕不能再有任何串謀者，為沉默維持一線生機。

可以想見，為了抵抗保持沉默的團體壓力，人們往往也借重團體的力量來打破沉默。例如，家人的集體干預，可以有效壓過酒鬼或其他嗑藥者的否認。「要貶抑或漠視一個人的話，是很容易的……可是當眾口一聲，就很難不予理會了。團體承載著突破心防、面對現實所需的必要重量。」[21]

先前提過，當串謀的人數越多，維持沉默的多數壓力就越大，而弱勢者所面臨的形勢也就越險峻。然而，當越來越多人加入打破沉默的行列，局勢終將出現逆轉，達到所謂的「引爆點」（tipping point）[22]，也就是說，剩下的串謀者承受著承認大象存在的社會壓力，這樣的壓力日益攀升，終於勝過要求繼續否認大象存在的壓力。

不過，要出現這樣的狀況，串謀者必須先準備好聆聽直言，如同故事中的孩子指出國王沒穿衣服的快人快語。然而，就像安隆企業（Enron）的雪倫·華金斯（Sherron Watkins），在向董事長肯尼斯·雷（Kenneth Lay）報告該公司的會計做法不當時所發現的，她顯然低估「『國王沒穿衣服』現象的嚴重性……我說他一絲不掛，而當他轉身面向周遭的大臣，他們卻說……他穿著衣服」[23]。

的確，正如特洛伊人無視卡桑德拉（Cassandra）及勞孔（Laocoön）對於希臘人的木馬所提出的警告，這個著名的例子顯示出，對於那些試圖打開我們雙眼的人，我們最常見的反應，就是置之不理。藉由擴大沉默的串謀，吞沒所有想打破串謀的人，我們堅持拒絕承認已浮上前景的大象之存在，有效的把它推回背景中。

再舉個例吧，想想一九六八年發生在哥倫比亞大學的學生暴動事件，激進的學生領袖馬克·魯德（Mark Rudd）——

從座位起身，走向……聖保羅教堂前端……當時，杜魯門（David B. Truman）副校長正準備〔頌揚〕馬丁．路德．金恩……〔他〕切到副校長前方，站在麥克風前……平靜的說道：「杜魯門博士與柯克（Kirk）校長正在褻瀆我們對金恩博士的記憶。」……他質問，〔他們〕怎能經年反對大學校園內的黑人及波多黎各裔勞工籌組工會，卻又同時頌揚一個在試著籌組清潔工工會時被刺身亡的人呢？……還有，魯德問道，哥倫比亞大學怎能一邊懲戒學生的和平抗議，一邊讚美一個鼓吹非暴力抗爭的人呢？……他走下講台……踏上中央走廊，步出教堂大門……另外四十名學生跟隨著他。杜魯門繼續走向麥克風致詞，彷彿一切都沒發生。[24]

一點沒錯，這跟〈國王的新衣〉結局如出一轍。當觀看皇家遊行隊伍的民眾開始嚷嚷國王沒穿衣服，國王假裝沒聽見：「國王打了個哆嗦，因為他確信他們說的對；可是他心想：『我總得撐完整個遊行大典。』於是，他擺出更驕傲的神氣昂首闊步，兩個內臣也繼續托著不存在的後裾。」[25]你也許猜到了，我們能不能忽略打破沉默者，大體取決於這個人擁有多大的權力。好比說，假使馬克·魯德的一番話，是出自哥倫比亞校長柯克之口，那麼，要假裝沒聽到就困難多了。一個人的權力越薄弱，別人就越可以輕易地公開忽略他。

再以湯瑪斯·凡提伯格（Thomas Vinterberg）的電影《那一個晚上》（*The Celebration*）為例，劇中主角克里斯丁突然在慶祝父親海格六十大壽的家庭聚會上，說出他和他最近自殺身亡的妹妹琳達年幼時，都曾遭到父親強暴——這個指控隨後得到琳達遺書的證實。然而當他語畢，在場賓客似乎全都無動於衷，恍若未聞。這讓我們明白，假使人們繼續忽略被揭穿的醜事，「骷髏頭」最後都可能變成「大象」。

沉默的串謀者也可能會想盡辦法，轉移大眾對打破沉默者的注意（例如海格指示僕人替每個人斟滿酒，克里斯丁的哥哥麥克則邀請某人到鋼琴前彈奏一曲「美妙輕鬆」的音樂），或敦促每個人「繼續過日子」，別「老是想著」被揭穿的大象（例如小布希意圖在卡崔娜颶風之後，利用「現在不是互相責怪的時候」的論點轉移輿論的抨擊焦點，以及阿諾·史瓦辛格在二〇〇三年州長選舉過程中，面對有關他對女性行為失當的各項擾人且引起譁然的指控時，試圖化險為夷的做法）。

串謀者還經常質疑打破沉默者的可信度，藉此暗指那些大象並不真實（例如克里斯丁的姊姊海蓮娜，指他說的話不是真的，母親愛西補充說，他總是無法區分虛幻與事實），或者擺明了要他們閉嘴。針對凱薩琳·哈里遜的《罪之吻》，有一則特別不友善的評論，最後的結論就是這兩個字：「閉嘴」[26]。

和揭密者一樣[27]，打破沉默者也遭人嘲弄、誹謗，而且往往受排擠。這些報復行動除了立即的懲處效果之外，還能殺雞儆猴，嚇阻其他意圖打破沉默串謀的人；而許多潛在的打破沉默者，也確實因此而卻步。

然而，實際及潛在的打破沉默者，並非此類恫嚇行動的唯一目標。事實上，任何留意到這些人的人都不可倖免。畢竟，唯有當我們緊緊閉上嘴巴、眼睛和耳朵，這頭形而上的大象才能確確實實留在屋子裡。

第6章 有些事，還是別說吧

沉默串謀，保護著個人與群體的面子

〔團體成員〕對那些一旦公開討論，即可能破壞團結的事情保持沉默……打破沉默被視為對團體的攻擊，是一種背叛。

——艾佛瑞特．休斯〈善人與惡事〉（Everett C. Hughes, "Good People and Dirty Work"）

有鑒於我們面對有人打破沉默時的實際反應，難怪在原版〈國王的新衣〉故事中，那個告訴國王「如果不是我瞎了眼，就是你一絲不掛」的男人，被勾勒成一個基本上「一無所有、無可損失」的人[1]。畢竟，拆穿尋常祕密的揭密者所面對的深層怨恨（而這正是許多揭密者寧可保持匿名的原因），揭露公開祕密的打破沉默者，通常也得承受。

儘管打破沉默者扮演了知識先驅的角色，幫助我們「開啟視野」，把事情看得更透徹[2]，但是整體而言，人們對他們是懷著怨恨的。看到小說中的孩子勇敢幫助同胞，看清他們浮誇的國王其實沒穿衣服，我們或許讀得津津有味，然而面對現實生活，當遇到真實人物試圖打破我們湊巧參與的沉默串謀時，我們的反應往往非常不同。的確，除了當否認被普遍視為問題（例如濫用藥物的狀況），或者當沉默是以嬉笑怒罵的方式被打破（例如喜劇節目）之外，打破沉默者往往惹人怨恨。

珍惜「鴕鳥權利」，無知便是福

我們怨恨打破沉默者的部分原因，在於他們挑戰我們視為理所當然的圖像—背景結構，破壞我們認知上的平靜。更重要的，他們強迫我們公開面對我們刻意忽略或逃避，以避免受傷害或心煩的事情。關於哈里遜發人深省的亂倫回憶錄，一個評論家提出敏銳的觀察：「我們應猶記得，伊底帕斯挖出雙眼以懲罰自己的罪惡；哈里遜則選擇睜開雙眼。有些人寧可盲目昏聵，寧可抱著虛謊的天真；沒有察覺罪惡的存在，就不需付出慘重代價。而**她強迫他們睜開雙眼，為此，他們不打算原諒她。**」[3]

當聽到的消息足以撼動人們自欺欺人的見解時，人們總會覺得心煩意亂。面對痛苦的現實，許多人寧可蒙在鼓裡，珍惜他們的「鴕鳥權利」。他們倡議「無知是福」，或者套句約翰．藍儂（John Lennon）的話，「閉上雙眼，日子好過一點。」說穿了，他們所主張的無非是「你不知道的事情傷不了你」[4]。然而，否認除了能保護自己之外，也有助於保護別人。沒留意到與自己交談的對象不停打呵欠，也許確實是種自我保護，然而假裝沒注意以免對方尷尬，顯然也有利他主義上的考量[5]。

也難怪，脫口說出國王沒穿衣服的，是一個還沒學會使得「大象」不可見、不可談的「禮貌性忽略」、「圓滑世故」等社會規範的孩子[6]。畢竟，如此大剌剌地拆穿西洋鏡，顯示他是完全不顧國王的感受和尊嚴的。

這跟其他人所展現出的同理心和體貼，形成了強烈對比。例如二〇〇〇年美國副總統候選人辯論會中，CNN的伯納．蕭圓滑地將有關同性戀憲法權利的問題，導向喬．李柏曼，而不指向有個同性戀女兒的迪克．錢尼。雖然不免流於偽善，然而當約翰．凱利（John Kerry）在二〇〇四年總統大選辯論會中，揭露儘管傳言四起卻鮮少被公開提及的大象時，我們可以從社會大眾的強烈反彈中看出，在破壞沉默串謀的過程中，似乎顯得不顧念大眾感受與尊嚴的人，往往會招致怨恨[7]。藉由把大象的存在赤裸裸地呈現大眾眼前，打破沉默者也使其他串謀者難以繼續假裝視而不見。畢竟，當事情沒被暴露在鎂光燈下時，佯裝不知情，是容易多了。

禮貌性忽略和圓滑的舉止，能幫忙保留別人的顏面，避免傷害他們的感情。藉由假裝沒注意（因而避免讓他們發現我們確實注意到了）——好比說，他們增加的體重、放的屁，或他們一直叫錯我們名字的事實，我們替他們保留了顏面[8]。畢竟，批評別人的結巴、口臭或禿髮，只會傷害他們的感受和尊嚴。

「有些事還是別說的好」的觀念，也凸顯了沉默在避免衝突中扮演的角色[9]。這是非常有效的社會潤滑劑，幫忙減少摩擦，讓社會互動更「順暢」。沒有一份關係可以通過徹底坦白、毫不避諱的考驗，關係越微妙，越需要確保某些事情永遠不被提起。

你怎麼可以在外人面前，洗自己人的「髒內衣」

然而，沉默的串謀所保護的，不只是個人面子，還保護了一整個群體的面子，因此打破沉默者不只被視為魯莽，還往往被同儕公開斥為叛徒[10]。

菲利普．羅斯（Philip Roth）早期作品之所以惹惱許多猶太評論家，顯然是因為他把「猶太裔美國人日常生活的隱私，攤在大庭廣眾之下」。同樣的，當傑佛瑞．麥森（Jeffrey Masson）指出佛洛伊德疑似隱瞞他早期關於兒童性侵害的觀點，觸怒其他精神分析師的，也許不是這項指控的內容，而是他「把此事公諸於世」的作法。而從許多穆斯林對伊爾莎．曼吉（Irshad Manji）的《伊斯蘭問題：一個穆斯林對信仰改革的呼喚》（*The Trouble with Islam: A Muslim's Call for Reform in Her Faith*）一書，以及眾多非裔美國人對比爾．寇斯比（Bill Cosby）公開非議黑人青年文化的憤怒反應可以看出，在圈外人面前清洗圈內人的「髒內衣」，是對團體內其他成員的莫大侵犯[11*]。

《時代》雜誌資深編輯克里斯多福・法里（Christopher Farley）就不諱言地指出：「有些事情……黑人不會在……白人面前談論……比爾・寇斯比**打破了只可在黑人洗衣機裡清洗黑人髒內衣的不成文規定**……讓我許多親戚朋友大表反感的，倒不是這些意見本身，而是他居然訴諸輿論。」（彷彿是為了凸顯打破沉默者跟揭密者之間，廣被忽略的根本差異，寇斯比隨後提出回應，提醒法里，他並未真正「洩漏沒有人知道的祕密……祕密在哪裡？那祕密會走也會說話。從學校走廊到街上到雜貨店再到大眾運輸工具上，髒內衣**明擺著**就在那兒」。）

權勢越高的人，越憎恨搖晃船身的「麻煩製造者」

打破沉默的串謀，不僅會傷及一個族群的公共形象，也能破壞其組織結構。

誠如「坐船別搖船」這句意象鮮明的俗語所暗示的，這種行為會破壞政治現狀，因而激起社會動盪[12]。王國畢竟需要國王，即便是個沒穿衣服的國王。難怪，較不具權力的族群分子，因這類「騷動」而損失的利益往往較低，因此也最不受打破沉默者所威脅。權勢越高的人（因此越汲汲於維護現狀），越憎恨這類搖晃船身的「麻煩製造者」。

不用說，喚起人們注意其他族群成員刻意迴避的事，無疑是種顛覆行為。以傅柯所言為例，假使性「被判定……是不可說的，那麼談論它便是蓄意犯禁……〔當我們談論性〕我們是有意識的在違抗既有權力，我們的語調，顯示我們知道自己正在行顛覆之舉」[13]。

---

*譯註：菲利普・羅斯，美國猶太作家，早年作品大量談論性、手淫等主題，且以嚴厲眼光批判猶太人，晚年則回歸猶太認同問題的關懷。傑佛瑞・麥森，美國知名動物作家，曾任職佛洛伊德資料館。「髒內衣」，比喻家醜、隱私。

的確，如同詩人卻斯瓦夫．米沃什（Czesław Milosz）*在諾貝爾頒獎典禮上發表的感言：「在眾人心照不宣串通沉默的屋子裡，一句真話，聽來都如一記轟雷。」[14]打破這類的串謀，無異於撕裂某種未明言的社會契約，而人們對待違反注意與言論規範的人，則一如他們對待其他違抗權威、漠視團體規則的社會偏差者。

事實上，許多群體把打破沉默者，視為其存在的莫大威脅。懷疑丈夫猥褻女兒的女人，很可能以保護家人為藉口，假裝沒注意問題的存在。《沉默的串謀：亂倫創傷》（*Conspiracy of Silence: The Trauma of Incest*）的作者桑德拉．巴特勒（Sandra Butler）說得透徹：「絕口不提這樣的傷害，甚至否認它的存在，是〔此類〕家庭相信他們能維持家庭完整的唯一方法。」[15]

的確，許多家庭似乎覺得喚起人們注意屋簷下的亂倫事件，比亂倫本身更可怕，「因此，言及亂倫，似乎比行亂倫之實更禁忌。」[16]事實上，許多組織在面臨喚起人們注意內部貪污腐化事件的努力時，也是如此。同樣的，電影《我不是壞女孩》（*The Nasty Girl*）中，天真的德國高中生桑雅為了撰寫鎮民在納粹時期的「反抗史」，研究他們虛構的英勇事蹟，這才慢慢發現，比起鎮史上那可恥的一章，她無意間揭露事實的行為，更不能見容於社會。在我們眼中，終結沉默串謀的行為，往往比串謀本身，更具威脅性。

＊譯註：卻斯瓦夫．米沃什，波蘭詩人，一九八〇年諾貝爾文學獎得主。

第7章

覺得孤獨嗎？也許是因為你的沉默

繼續沉默串謀下去，要付出什麼代價

世上許多不幸，源自……沒有說出口的事。

——引自杜斯妥也夫斯基

探討了沉默串謀的好處之後，接下來讓我們談談它的代價。儘管沉默的串謀為個人與社會帶來了很多好處，卻也同時製造了嚴重的問題。

要計算我們選擇視而不見、充耳不聞、緘默以對的最後得失，大抵是在權衡短期與長期的影響。這類串謀提供的許多便利之處，不過是為長期問題埋下了短期的種子。《沉默之後》的作者南茜．瑞恩，如此回憶她被強暴之後的幾年：「我持續的沉默，**無異是以療癒偽裝的傷害**。」[1]的確，許多似乎在短期間對我們有利的事，日子久了，往往回過頭來纏擾我們。

當我們都在一起……遺忘

否認以其虛妄的本質，必然會扭曲人們的現實感。倘若其他人以沉默串通一氣，問題將更形惡化。畢竟，當其他人似乎一概不承認大象的存在時，你的信念也很難不動搖，懷疑自己是否真的看見了屋裡的大象，或者一切只是出於自己的想像。

因此，在《罪之吻》中，哈里遜跟父親之間從未談起他對她幹的那些好事，而這只會讓她益發懷疑一切是否屬實：「我經常想起他的吻，可是每當我想對父親問起，卻始終開不了口，」一部分是因為，「有時我會懷疑是否根本沒發生什麼事。我問自己，整件事莫非是我自己憑空捏造的？」[2]其男友的反應，更加深了她的否認：「『我錯了，』我對男友這麼說，『我誇大其辭，話說得偏了。事情完全不是那樣。他也許只是不小心吻了我。』……我男友被我的話嚇到了，一邊聆聽，一邊跟我串通一氣。我們合力遺忘……父親對我做的事。」[3]

對於還需要靠他人幫忙理解其自身經驗的孩子而言，未經證實的個人經歷，尤其讓人感到困惑，例如，母親才剛帶著自己的五歲孩子，跟祕密情人共度了數小時，之後卻否認祕密情人的存在[4]；又例如，當周遭的人們從不談論父親顯而易見的酗酒問題時，孩子不由得「懷疑其他人是否真的看見了大象，或者只是她自己的幻覺」，而「既然不能對其他人問起大象的事，她只好一直把問題擱在心上」[5]。以下這首童謠，似乎抓住了這種未經證實的經驗往往會激起的奇怪感受：

昨天我見到階梯上
有一個不在那裡的男人
今天他又不在那裡
噢，真希望他走開。[6]

當一個人欠缺堅定基礎，來證實自己的認知經驗時，可能就會開始對自己的感受失去信心，並且如電影《煤氣燈下》（*Gaslight*）令人毛骨悚然的情節那樣，漸漸失去對現實的掌握。

身邊沒有人承認「大象」存在的事實，也容易使得大象似乎越變越可怕。的確，沉默不僅是恐懼的產物，也是恐懼的一大來源（這也說明了為什麼它阻礙了精神受創者的復原）[7]。要克服恐懼，我們往往需要攤開那些一開始造成恐懼的不可談論的事情[8]。

明明知道真相，卻說著精心編織的謊言

如同〈國王的新衣〉中一針見血的描述，沉默的串謀，往往涉及某種程度的心口不一，「『這是怎麼回事？』國王自忖，『我什麼也沒看見哪！』然而他大聲讚歎，『真美啊。』……每一位參贊、大臣和要人……一看再看，與國王所見殊無二致，然而他們異口同聲附和國王說，『真華麗！真美啊！太了不起了！』**他們齊聲附和，可是誰都沒看見任何東西。**」[9]從這些尖銳的諷刺情節可以看

出，這種口是心非的表裡不一，和歐威爾在《一九八四》中描述的「兩面思考」相互呼應：「他的腦子不知不覺陷入兩面思考的迷宮世界，知與不知，明白真相卻說著精心編織的謊言，同時抱持兩種看法……明知它們相互牴觸。」[10]

這樣的口是心非，必然出於某種程度的犬儒心態。一名前納粹醫生，如此說明兩面思考固有的邪惡邏輯：「我不能要求克萊〔醫生〕『別把這人送進毒氣室』，因為我壓根不知道他進了毒氣室。你瞧，那是個祕密。這個祕密人盡皆知，可它還是個祕密。」不過，口是心非也需要某種程度的自我否認。雖然那些納粹醫生必定知道猶太人「並非被遷往他處定居，而是被屠殺了，而且『最終解決方案』意味著殺光所有猶太人」，他們得以利用這類具有麻痺本質的委婉修辭，「殺人……而不必感受殺人的經驗」。而越常使用這類語言，他們就越容易「無動於衷」，最後乃至麻木不仁[11]。

不用說，否認個人感受是非常耗損精神的。「別去想它，」每當哈里遜試著忽略與父親的亂倫關係帶給她的感受時，便會對自己這麼說。然而她逐漸明白，要否認那些情緒，「似乎得費上好大的力氣。」[12]

噢，求你，讓我們談談屋裡的大象

沉默的串謀還會引發孤寂感。一個人確實注意到的事情，跟周遭人士願意承認注意到的事情之間如果出現落差，會傷害群體生活的核心本質，也就是彼此之間互為主體的共識情感（intersubjectivity）[13]，因而導致深沉的孤獨感。開放性的溝通可以拉近距離，而沉默則使人們彼此疏離。「話語，縱然是最矛盾的話，」湯瑪斯・曼（Thomas Mann）說過，「可以維持聯繫——導致孤獨的，是沉默。」[14]誠如哀傷的詩人絕望地懇求：

噢，求你，念出她的名字。
噢，求你，再說一聲「芭芭拉」。
噢，求你，讓我們談談屋裡的大象。
……
當我對你說起「芭芭拉」，能不能別轉過頭去？
因為你若如此，就是留我一人
獨自……在屋裡……
與大象共處。[15]

同樣的，儘管「有那麼多神職人員是同性戀」，一名身為同志的前神學院學生回憶：「這件事從未被公開討論或承認……所以我覺得自己是異類，活在自己的地獄中。」

同樣的狀況，也發生在貝蒂・傅瑞丹《女性迷思》（*The Feminine Mystique*）書中所提到的、那些未得到滿足的家庭主婦身上；她們「羞於承認自己的不滿足，從不知道有多少女人面對同樣狀況」[16]。

亂倫與強暴受害者之所以經常感受強烈孤獨，沉默的串謀得負起最大責任[17]。在《潮浪王子》中，湯姆、他的母親，以及妹妹莎瓦娜強迫自己三緘其口，因而導致深沉的孤獨感，更加深被強暴的創傷：「我認為強暴對我的影響，比不上嚴守母親規定的隱瞞和保密所造成的傷害……我們甚至不對彼此談起。那是一個愚蠢至極的鄉下家庭立下的祕密誓約，一個帶來災難的否認協議。我們在沉默中信守個人的恥辱，讓它變成不可觸及的禁忌。只有莎瓦娜打破了協定……三天後，她第一次割腕自殺。」[18]這無疑凸顯了團體環境的療癒效果，藉由鼓勵受創的倖存者跟其他人交換痛苦經驗，可以消除他們的孤獨感[19]。

為了團結，結果反而傷害了團結

然而，沉默的串謀所製造的，不僅是個人問題。許多問題無疑屬於社會層面。要對「大象」視若無睹，得靠眾人通力合作。畢竟，公開的祕密「根本不是祕密，**社會大眾得費好大力氣去避免注意或談到它們**……當家裡有這樣一個祕密，不啻在客廳中央擺了個十噸重的巨石，還不准任何人提到它。你總得繞道而行，椅子的位置也得調整；你也許可以往它的方向瞥一眼，但不能直視它；一連串話題越來越觸碰不得」[20]。人們如履薄冰，這樣的屋子就像地雷區，我們得戰戰兢兢繞著每個話題的邊緣打轉，「明白自己隨時可能踏上地雷。」[21]

當然，人們基本上可以無所不談，就是不能觸及大象：

我們談論天氣。

我們談論工作。
我們談論所有一切事情——
只除了屋裡的大象。[22]

我們於是落得談論「無關緊要卻可談論」的話題，說著雞毛蒜皮的瑣事，只為了掩飾沒說出口的話。為了確保我們不會觸碰禁忌，不小心承認了大象的存在，我們還得跟它保持安全距離，只談論「安全無虞」的話題，避免自己不慎誤闖不可談論的禁地。可想而知，我們能觸碰的話題範圍因而越來越小，逐漸生活在由緊閉的門扉和越來越窄的通道組成的社會迷宮中[23]。

不消說，共同忽略屋裡的大象，需要眾人付出努力共同合作，因此是非常消耗社會力量的。難怪它也會導致強烈的緊張關係。的確，沉默越深重，蓄積在它周圍的張力就越發強大。

眾人一致忽略大象的努力，最後可能會滲透串謀者彼此關係的每一個層面。他們的關係確實可能「因〔大象〕而大幅度扭曲，〔因為〕他們無法承認或影射大象的存在」。正如一位亂倫受害者對其家庭生活的描述：「祕密在我們之間滋生，玷汙我們所說的每一句話。」[24]

說來諷刺，沉默串謀的存在，部分是出於維護團結之故，然而由於它阻礙了誠實、互信的關係所不可或缺的開放性溝通，反倒傷害了群體的團結[25]。為了「保護」群體，沉默的串謀往往反倒讓群體機能出現障礙。

黑暗中，殘酷和墮落在滋長

沉默也會導致道德淪喪，因為它打開了傷害的大門。這就難怪沉默連同祕密，會成為違法犯紀者的一大武器。畢竟，殘酷和墮落都「在黑暗中滋長，要驅除它們，你必須投以最明亮的光芒」[26]。

俗話說，沉默就是同意。若對不當的行為保持沉默，我們無疑幫助它們正當化，隱約鼓勵了潛在犯行者將之視為確實可行，因而使得罪行沒有終止的一天。佯裝沒注意到丈夫侵犯女兒的女人，透過默許而助長了丈夫的罪愆[27]；年輕老師旁觀資深同事忽略教授與學生之間的不當關係，因而在潛移默化中學會原宥這類罪過，一如年輕士兵旁觀長官公開違反軍紀，卻無人置喙，也有相同的影響。

這說明了為什麼在一則反強暴的廣告中，會使用傳統上象徵「否認文化」的三尊智猴像來譴責沉默，並搭配如下說明文字：「提到強暴，務必壓低音量，否則別人可能會受到冒犯……或覺得尷尬……或甚至為此下獄。但是，該是人們大聲說出強暴被害者所受的不公平待遇的時候了。假如你也這麼想，請把訊息傳遞出去，例如那些你投以選票的人。」[28]

這首一九六〇年代的東德嘲諷詩作，也有異曲同工之妙：

對時代充耳不聞，
對當前事件視若無睹，
對自己所知者三緘其口的人，
將獨活下來，倖存到老，
然而非得保留一個條件不可：
要如此獨活，
必得有一副鐵石心腸。[29]

誠然，在許多人眼中，打破沉默是一種「出類拔萃的道德行為」。馬丁·路德·金恩曾經說過：「當我們眼見真相卻不發一語的那天，就是我們開始死去的時候。」事實上，也許將來有一天，我們會記得納粹大屠殺，不是由於被害人數之多，而是因為人們對於這起事件竟如此沉默[30]。

來，把大象趕出去吧！

「大象」的本質是問題叢生的，這從我們想盡辦法迴避它們的事實即可看出。然而，迴避大象並不能解決它們所象徵的問題，事情反倒可能越變越糟[31]。

「大象」不會光靠我們假裝沒注意它們而自行消失。儘管「每個人都希望，假如我們拒絕承認它們存在，也許……它們會消失無蹤」[32]，然而就算是把頭埋在沙裡的鴕鳥，都沒辦法光靠念力消滅問題。否認，是一種自欺欺人的做法，也許能幫助我們忽略生活中不愉快的事物，但從來無法讓問題真正消失，一位亂倫被害者的夢魘就是最佳明證：

我身處度假小屋，和全家大小一起共度假期，包括我先生、我父母、祖父跟他的妻子、姊姊、姊夫，以及姑姑跟姑丈。整間屋子是個空蕩蕩的大房間，地板光可鑑人，許多間浴室跟主廳相通，可是沒有一座堪用的馬桶。有些馬桶拆掉了，裝上垃圾桶。所有馬桶跟垃圾桶都滿溢屎尿，然而大夥兒興致高昂，聲音高亢而虛假，假裝小屋裡的一切合該如此。[33]

沉默的串謀幫襯著這樣的集體否認，阻撓我們面對並進而解決我們的問題（而且，如同許多大屠殺生還者的家庭，它還會把問題傳給下一代）[34]。舉例來說，對亂倫事件保持沉默，只會使得病態的家庭互動日益惡化[35]。曼德拉（Nelson Mandela）公開承認其子死於愛滋併發症，勸導南非人「公開談論那些因愛滋病過世的人」，藉此「宣導愛滋，不要隱瞞」[36]，並呼應同性戀行動主義者早年提出的「沉默等於死亡」的警告，就提醒著我們，社會大眾對愛滋病令人憂心的盛行至今仍沉默不語，只會使這種疾病更加致命。

諷刺的是，正是由於人們集體否認其無所不在的存在，才使「大象」得以如此龐大。一旦我們承認了它，彷彿變魔術一般，大象便會開始縮小。唯有當人們不再串通著忽略它，我們才能終於將這頭傳說中的大象，趕出房間。

註

第1章　我們都知道，但我們不說

1 Don Juan Manuel, "What Happened to the King and the Tricksters Who Made Cloth," in John E. Keller and L. Clark Keating (trans.), *The Book of Count Lucanor and Patronio* (Lexington: University Press of Kentucky, 1977 [1335]), 130-33.

2 Hans Christian Andersen, "The Emperor's New Clothes," in *The Complete Fairy Tales and Stories* (Garden City, NY: Doubleday, 1974 [1836]), 79.

3 請參見：Jan E. Lewis and Peter S. Onuf (eds.), *Sally Hemings and Thomas Jefferson: History, Memory, and Civic Culture* (Charlottesville: University Press of Virginia, 1999); Tom Farrey, "Defining Bravery in College Sports," October 7, 2003, http://espn.go.com/ncaa/s/2003/1006/1632030.html#pop3。

4 Michael Taussig, *Defacement: Public Secrecy and the Labor of the Negative* (Stanford: Stanford University Press, 1999), 50-51; Paul Krugman, "Gotta Have Faith," *New York Times*, December 17, 2002, A35. See also Chris Argyris, "Skilled Incompetence," *Harvard Business Review*, September-October 1986, 76; Kathleen D. Ryan and Daniel K. Oestreich, *Driving Fear Out of the Office: How To Overcome the Invisible Barriers to Quality,*

Productivity, and Innovation (San Francisco: Jossey-Bass, 1991), 30, 185-97; Dan Bar-On, *The Indescribable and the Undiscussable: Reconstructing Human Discourse after Trauma* (Budapest: Central European University Press, 1999), 155-215; Helen Fremont, *After Long Silence: A Memoir* (New York: Delta Books, 1999), 8, 31; Mark Jordan, *The Silence of Sodom: Homosexuality in Modern Catholicism* (Chicago: University of Chicago Press, 2000), 86; Elizabeth W. Morrison and Frances J. Milliken, "Organizational Silence: A Barrier to Change and Development in a Pluralistic World," *Academy of Management Review* 25 (2000), 706; Stanley Cohen, *States of Denial: Knowing about Atrocities and Suffering* (Cambridge: Polity, 2001), 148, 258; Ruth Wajnryb, *The Silence: How Tragedy Shapes Talk* (Crows Nest, Australia: Allen & Unwin, 2001), 33-36, 51, 85, 93, 96, 106-22, 187, 207, 249.

5 關於「心裡明白」與「公開談論」之間的張力，請參見：Timur Kuran, Private Truths, *Public Lies: The Social Consequences of Preference Falsification* (Cambridge, MA: Harvard University Press, 1995), 157。關於「沉默的見證」，可參見：Cohen, *States of Denial*, 75。

6 請參見：Philip Vellacott, *Sophocles and Oedipus: A Study of Oedipus Tyrannus with a New Translation* (Ann Arbor: University of Michigan Press, 1971), 224-25; Léon Wurmser, "Blinding the Eye of the Mind: Denial, Impulsive Action, and Split Identity," in E. L. Edelstein et al. (eds.), *Denial: A Clarification of Concepts and Research* (New York: Plenum, 1989), 180; John Steiner, "The Retreat from Truth to Omnipotence in Sophocles' Oedipus at Colonus," *International Review of Psycho-Analysis* 17 (1990), 233; John Steiner, *Psychic Retreats: Pathological Organisations in Psychotic, Neurotic, and Borderline Patients* (London: Routledge, 1993), 129; Cohen, *States of Denial*, 21-50。

7 Eviatar Zerubavel, "The Elephant in the Room: Notes on the Social Organization of Denial," presented at the "Toward a Sociology of Culture and Cognition" conference, Rutgers University, November 1999; Eviatar

Zerubavel, "The Elephant in the Room: Notes on the Social Organization of Denial," in Karen A. Cerulo (ed.), *Culture in Mind: Toward a Sociology of Culture and Cognition* (New York: Routledge, 2002), 21-27. See also Everett C. Hughes, "Good People and Dirty Work," in *The Sociological Eye: Selected Papers* (Chicago: Aldine, 1971 [1962]), 91; Daniel Goleman, *Vital Lies, Simple Truths: The Psychology of Self-Deception* (New York: Touchstone Books, 1986), 226-27; Morrison and Milliken, "Organizational Silence," 708, 714-16; Thomas D. Beamish, "Accumulating Trouble: Complex Organization, A Culture of Silence, and A Secret Spill," *Social Problems* 47 (2000), 485-86; Cohen, *States of Denial*, x; Craig C. Pinder and Karen P. Harlos, "Employee Silence: Quiescence and Acquiescence as Responses to Perceived Injustice," *Research in Personnel and Human Resources Management* 20 (2001), 331-69; Thomas D. Beamish, *Silent Spill: The Organization of an Industrial Crisis* (Cambridge, MA: MIT Press, 2002), 66-70; Eric Klinenberg, *Heat Wave: A Social Autopsy of Disaster in Chicago* (Chicago: University of Chicago Press, 2002), 36; Donald Cozzens, *Sacred Silence: Denial and the Crisis in the Church* (Collegeville, MN: The Liturgical Press, 2002), 24, 41; Kari M. Norgaard, "Denial, Privilege and Global Environmental Justice: The Case of Climate Change," presented at the annual meeting of the American Sociological Association, Atlanta, 2003; Kari M. Norgaard, "People Want To Protect Themselves A Little Bit: Emotions, Denial and Social Movement Non-Participation—The Case of Global Climate Change," presented at the annual meeting of the American Sociological Association, Atlanta, 2003.

8 Kathryn Harrison, *The Kiss* (New York: Avon Books, 1997), 74, 137.

9 Sylvia Fraser, *My Father's House: A Memoir of Incest and of Healing* (New York: Perennial Library, 1989 [1987]), 21.

10 I. F. Stone, "It Pays To Be Ignorant," *New York Review of Books*, August 9, 1973, 8.

11 關於日本三猴的起源，請參見：Rudolph Brasch, *How Did It Begin? Customs and Superstitions and Their*

Romantic Origins (Croydon, Australia: Longmans, Green & Co., 1965), 167-68; Wolfgang Mieder, "The Proverbial Three Wise Monkeys," *Midwestern Journal of Language and Folklore* 7 (1981), 8-9; Wolfgang Mieder, *Tradition and Innovation in Folk Literature* (Hanover, NH: University Press of New England, 1987), 161。

12 Morrison and Milliken, "Organizational Silence," 706.

13 Derrick Jensen, *A Language Older Than Words* (New York: Context Books, 2000), 4. See also Nancy V. Raine, *After Silence: Rape and My Journey Back* (New York: Crown, 1998), 120; Judith L. Herman, *Trauma and Recovery* (New York: BasicBooks, 1992), 1.

14 Nadine Fresco, "Remembering the Unknown," *International Review of Psycho-Analysis* 11(1984), 418; Wajnryb, The Silence.

15 例如：Arlene Stein, "Trauma Stories, Identity Work, and the Politics of Recognition," in Judith M. Gerson and Diane L. Wolf (eds.), *De-ghettoizing the Holocaust: Collective Memory, Identity, and Trauma* (Durham, NC: Duke University Press, forthcoming)。

16 請參見：John Gross, "Intimations of Mortality," in D. J. Enright (ed.), *Fair of Speech: The Uses of Euphemism* (Oxford: Oxford University Press, 1985), 203-19; Keith Allan and Kate Burridge, *Euphemism and Dysphemism: Language Used as Shield and Weapon* (New York: Oxford University Press, 1991), 78-115; 153-67, 172-91。

17 Walter Laqueur, *The Terrible Secret: Suppression of the Truth about Hitler's "Final Solution"* (Boston: Little, Brown & Co., 1980), 142.

18 Bar-On, *The Indescribable and the Undiscussable*, 155; Michael Billig, *Freudian Repression: Conversation Creating the Unconscious* (Cambridge: Cambridge University Press, 1999), 52; Frances J. Milliken et al., "An Exploratory Study of Employee Silence: Issues that Employees Don't Communicate Upward and Why," *Journal of Management Studies* 40 (2003), 1453-76.

19 Laqueur, *The Terrible Secret*, 123-51; Raul Hilberg, *Perpetrators, Victims, Bystanders: The Jewish Catastrophe 1933-1945* (New York: HarperCollins, 1992), 195; Cohen, *States of Denial*, 148.

20 Louise Pound, "American Euphemisms for Dying, Death, and Burial," *American Speech* 11(1936), 195-202; Jana Staton et al., *A Few Months to Live: Different Paths to Life's End* (Washington, DC: Georgetown University Press, 2001), 38-39, 54; Robert J. Lifton, "Imagining the Real," in Robert J. Lifton and Richard Falk (eds.), *Indefensible Weapons: The Political and Psychological Case against Nuclearism* (New York: Basic Books, 1982), 3-125; David S. Greenwald and Steven J. Zeitlin, *No Reason To Talk about It: Families Confront the Nuclear Taboo* (New York: W. W. Norton, 1987); Robert J. Lifton and Greg Mitchell, *Hiroshima in America: Fifty Years of Denial* (New York: G. P. Putnam's Sons, 1995). See also Barney G. Glaser and Anselm L. Strauss, *Awareness of Dying* (Chicago: University of Chicago Press, 1965); Jay Katz, *The Silent World of Doctor and Patient* (New York: Free Press, 1984), 213-15.

21 Jordan, *The Silence of Sodom*, 165. See also Michel Foucault, *The History of Sexuality* (New York: Pantheon, 1978 [1976]), vol. 1, 3-5, 17; Kathryn Harrison, *Thicker than Water* (New York: Random House, 1991), 106; Elizabeth Stuart, *Chosen: Gay Catholic Priests Tell Their Stories* (London: Geoffrey Chapman, 1993), 44; Cozzens, *Sacred Silence*, 125-31.

22 Lily Pincus and Christopher Dare, *Secrets in the Family* (New York: Pantheon Books, 1978), 10-11.

23 Dan Bar-On, *Legacy of Silence: Encounters with Children of the Third Reich* (Cambridge, MA: Harvard University Press, 1989), 328. See also 33, 168, 193, 243, 249, 254, 262, 273; Goleman, *Vital Lies, Simple Truths*, 227-28; Susan Griffin, *A Chorus of Stones: The Private Life of War* (New York: Doubleday, 1992), 166; Ernestine Schlant, *The Language of Silence: West German Literature and the Holocaust* (New York: Routledge, 1999); Vamik D. Volkan et al., *The Third Reich in the Unconscious: Transgenerational Transmission and Its Consequences* (New York:

Brunner-Routledge, 2002), 150-51.

24 關於「尷尬」的社會學分析，請參見：Erving Goffman, "Embarrassment and Social Organization," *American Journal of Sociology* 62 (1956), 264-74。

25 Nancy Nason-Clark, "Has the Silence Been Shattered or Does a Holy Hush Still Prevail?: Defining Violence against Women within Christian Churches," in Anson Shupe et al. (eds.), *Bad Pastors: Clergy Misconduct in Modern America* (New York: New York University Press, 2000), 69-89; Atul Gawande, *Complications: A Surgeon's Notes on an Imperfect Science* (New York: Picador, 2002), 88-106.

26 Marion H. Typpo and Jill M. Hastings, *An Elephant in the Living Room: A Leader's Guide for Helping Children of Alcoholics* (Center City, MN: Hazelden, 1984), 15. See also i-ii, 69, 83, 113; Stephanie Brown, *Treating Adult Children of Alcoholics: A Developmental Perspective* (New York: John Wiley, 1988), 9, 27, 35, 72, 171.

27 Yitzhak Laor, "We Write You, Homeland," in *Narratives with No Natives: Essays on Israeli Literature* (Tel Aviv: Hotzaat Hakibbutz Hameuchad, 1995), 121, 163; Nicholas D. Kristof, "Are the Saudis the Enemy?" *New York Times*, October 22, 2002, A31; Kanan Makiya, *Cruelty and Silence: War, Tyranny, Uprising, and the Arab World* (New York: W. W. Norton, 1993); Rachel L. Swarns, "Mugabe's Aides Declare Him Winner of Zimbabwe Vote," *New York Times*, March 14, 2002, A3. See also Martin Amis, *Koba the Dread: Laughter and the Twenty Million* (New York: Hyperion, 2002), 170.

28 Adam Jaworski, *The Power of Silence: Social and Pragmatic Perspectives* (Newbury Park, CA: Sage, 1993), xii; Bernard P. Dauenhauer, *Silence: The Phenomenon and Its Ontological Significance* (Bloomington: Indiana University Press, 1980), 4; Wajnryb, *The Silence*, 25. See also William J. Samarin, "Language of Silence," *Practical Anthropology* 12 (1965), 115; Deborah Tannen and Muriel Saville-Troike (eds.), *Perspectives on Silence* (Norwood, NJ: Ablex, 1985); Jaworski, *The Power of Silence*, 81-82; King-Kok Cheung, *Articulate Silences:*

Hisaye Yamamoto, Maxine Hong Kingston, Joy Kogawa (Ithaca, NY: Cornell University Press, 1993), 1; Peter Tiersma, "The Language of Silence," *Rutgers Law Review* 48 (1995), 1-99; Frederick B. Bird, *The Muted Conscience: Moral Silence and the Practice of Ethics in Business* (Westport, CT: Quorum Books, 1996), 34-48; Pinder and Harlos, "Employee Silence," 334; Linn Van Dyne et al., "Conceptualizing Employee Silence and Employee Voice as Multidimensional Constructs," *Journal of Management Studies* 40 (2003), 1365.

29 Wajnryb, *The Silence*, 165. See also 75, 143; Bar-On, *The Indescribable and the Undiscussable*, 165.

30 Wajnryb, *The Silence*, 31. See also Dag Hammarskjöld, *Markings* (New York: Alfred A. Knopf, 1964 [1963]), 78; Harrison, *Thicker than Water*, 244.

31 Leonid N. Andreyev, "Silence," in *The Little Angel and Other Stories* (Freeport, NY: Books for Libraries Press, 1971 [1910]), 130. See also 131-32, 140, 142, 144; Stephen Kern, *The Culture of Time and Space 1880-1918* (Cambridge, MA: Harvard University Press, 1983), 170.

32 Mica Pollock, *Colormute: Race Talk Dilemmas in an American School* (Princeton, NJ: Princeton University Press, 2004), 73, 79-82, 175, 184, 188, 193, 203-06, 217, 237.

33 Taussig, *Defacement,* 50; Herbert Fingarette, *Self-Deception* (London: Routledge & Kegan Paul, 1969), 47-48, 66. See also Shlomo Breznitz (ed.), *The Denial of Stress* (New York: International Universities Press, 1983), 100; Jamie L. Mullaney, "Like A Virgin: Temptation, Resistance, and the Construction of Identities Based on 'Not Doings,'" *Qualitative Sociology* 24 (2001), 10-13; Jamie L. Mullaney, *Everyone Is NOT Doing It: Abstinence and Personal Identity* (Chicago: University of Chicago Press, 2005), 3-7.

34 請參見：Wlodzimierz Sobkowiak, "Silence and Markedness Theory," in Adam Jaworski (ed.), *Silence: Interdisciplinary Perspectives* (Berlin and New York: Mouton de Gruyter, 1997), 39-61; Cozzens, *Sacred Silence*, 11-12。

35 Chuck 45, "An Elephant in their Midst," October 9, 2000, www.thegully.com/essays/

gaymundo/00l009elephant.html

36 Typpo and Hastings, *An Elephant in the Living Room*, i.

37 Congressman John Spratt, featured on National Public Radio's *All Things Considered*, August 13, 2002.

38 Amis, *Koba the Dread*, 251. See also 170.

39 Bill Adair and Katherine Gazella, "It Lasted 72 Minutes Without a Mention," *St. Petersburg Times*, January 28, 1998, 8A; David Bauder, "For TV Networks, Big Coverage Day," *Associated Press Online*, January 19, 1999; Jennifer Harper, "Media Highlights Surreal Day with Trial, State of the Union," *Washington Times*, January 19, 1999, A11 [emphasis added]. See also Joan Ryan, "Guns in Society: The Real Problem," *San Francisco Chronicle*, August 22, 1999, 1, Z1.

40 例如：Norman L. Farberow, "Introduction," in *Taboo Topics* (New York: Atheling Books, 1966 [1963]), 2; Gordon W. Allport, "Foreword," In Norman L. Farberow (ed.), *Taboo Topics* (New York: Atheling Books, 1966 [1963]), v-vii; Wayne Brekhus, "A Sociology of the Unmarked: Redirecting Our Focus," *Sociological Theory* 16 (1998), 36。

41 請參見：Mullaney, *Everyone Is NOT Doing It*, 3-7, 25-29。

42 例如：Pollock, *Colormute*; Jordan, *The Silence of Sodom*; Greenwald and Zeitlin, *No Reason To Talk about It*; Wajnryb, *The Silence*。

43 請參見：Eviatar Zerubavel, "Generally Speaking: The Logic and Mechanics of Social Pattern Analysis," presented at the annual meeting of the American Sociological Association, San Francisco, August 2004。

44 Kuran, *Private Truths, Public Lies*, xi.

45 C. Fred Alford, *Whistleblowers: Broken Lives and Organizational Power* (Ithaca, NY: Cornell University Press, 2001), 21.

第2章　假裝不在場、不知道、不在意

1 請參見：Jill M. Taylor et al., *Between Voice and Silence: Women and Girls, Race and Relationship* (Cambridge, MA: Harvard University Press, 1995), 99-106。

2 關於這類行為，請參見：Erving Goffman, *Behavior in Public Places: Notes on the Social Organization of Gatherings* (New York: Free Press, 1963), 43-53。

3 請參見：Sigmund Freud, *The Psychopathology of Everyday Life* (New York: W. W. Norton, 1960 [1901]), 53-105; Edward T. Hall, *The Hidden Dimension* (Garden City, NY: Doubleday, 1966), 113-64. See also Thomas S. Kuhn, *The Structure of Scientific Revolutions* (Chicago: University of Chicago Press, 1962), 111, 122; Eviatar Zerubavel, *Social Mindscapes: An Invitation to Cognitive Sociology* (Cambridge, MA: Harvard University Press, 1997), 45-46; Ruth Simpson, "The Germ Culture," presented at the annual meeting of the American Sociological Association, Chicago, 2002。

4 請參見：Christopher D. Stone, *Should Trees Have Standing?* (Los Altos, CA: William Kaufmann, 1974), 6-7。

5 Alice Mills and Jeremy Smith, "Introduction," in *Utter Silence: Voicing the Unspeakable* (New York: Peter Lang, 2001), 1.

6 請參見：Zerubavel, *Social Mindscapes*, 6-12。

7 同前，33-34, 46-48。亦參見：Frederic C. Bartlett, *Remembering: A Study in Experimental and Social Psychology* (Cambridge: Cambridge University Press, 1932), 254-55; Ludwik Fleck, *Genesis and Development of a Scientific Fact* (Chicago: University of Chicago Press, 1981 [1935]), 38-51, 98-111。

8 請參見：Asia Friedman, "Sex Seen: The Socio-Optical Construction of Sexed Bodies," presented at the annual meeting of the American Sociological Association, San Francisco, August 2004; Zerubavel, *Social Mindscapes*, 39; Erich Goode and Nachman Ben-Yehuda, *Moral Panics: The Social Construction of Deviance* (Oxford:

Blackwell, 1994) ◦

9 Eviatar Zerubavel, "Personal Information and Social Life," *Symbolic Interaction* 5, no. 1 (1982), 107. See also Herbert Fingarette, *Self-Deception* (London: Routledge & Kegan Paul, 1969), 44; Shoshana Felman and Dori Laub (eds.), *Testimony: Crises of Witnessing in Literature, Psychoanalysis, and History* (New York: Routledge, 1992), 83.

10 Zerubavel, *Social Mindscapes*, 32-33, 46-51.

11 Marion H. Typpo and Jill M. Hastings, *An Elephant in the Living Room: Leader's Guide for Helping Children of Alcoholics* (Center City, MN: Hazelden, 1984), i.

12 Georg Simmel, "The Field of Sociology," in Kurt H. Wolff (ed.), *The Sociology of Georg Simmel* (New York: Free Press, 1950 [1917]), 7-8; Fleck, *Genesis and Development of A Scientific Fact;* Kuhn, *The Structure of Scientific Revolutions*, 126; Eviatar Zerubavel, *Patterns of Time in Hospital Life: A Sociological Perspective* (Chicago: University of Chicago Press, 1979), xvi-xviii; Eviatar Zerubavel, "If Simmel Were a Fieldworker: On Formal Sociological Theory and Analytical Field Research," *Symbolic Interaction* 3, no.2 (1980), 25-33.

13 C. Wright Mills, *The Sociological Imagination* (London: Oxford University Press, 1959), 5-11; Zerubavel, *Social Mindscapes*, 1-22.

14 Ernest G. Schachtel, *Metamorphosis: On the Development of Affect, Perception, Attention, and Memory* (New York: Basic Books, 1959), 251-78; Arien Mack and Irvin Rock, *Inattentional Blindness* (Cambridge, MA: MIT Press, 1998).

15 John Hotchkiss, "Children and Conduct in a Ladino Community in Chiapas, Mexico," *American Anthropologist* 69 (1967), 711-18; Barbara Rogoff, *Apprenticeship in Thinking: Cognitive Development in Social Context* (New York: Oxford University Press, 1990), 124-26.

16 Zerubavel, *Social Mindscapes*, 50.

17 Joan P. Emerson, "Behavior in Private Places: Sustaining Definitions of Reality in Gynecological Examinations," in Hans-Peter Dreitzel (ed.), *Recent Sociology No. 2: Patterns of Communicative Behavior* (London: Macmillan, 1970), 78 [emphasis added].

18 同前，83, 86。

19 Erving Goffman, *The Presentation of Self in Everyday Life* (Garden City, NY: Doubleday Anchor, 1959), 151-53; Erving Goffman, "Footing," in *Forms of Talk* (Philadelphia: University of Pennsylvania Press, 1981 [1979]), 131-37.

20 Goffman, "Footing," 132. See also Erving Goffman, "Fun in Games," in *Encounters: Two Studies in the Sociology of Interaction* (Indianapolis: Bobbs-Merrill, 1961), 63-64; Erving Goffman, *Frame Analysis: An Essay on the Organization of Experience* (New York: Harper Colophon, 1974), 225.

21 請參見：Murray S. Davis, *Smut: Erotic Reality /Obscene Ideology* (Chicago: University of Chicago Press, 1983), 134-39, 144-50, 157-59; Eviatar Zerubavel, *The Fine Line: Making Distinctions in Everyday Life* (Chicago: University of Chicago Press, 1993 [1991]), 40-41, 44; Wayne Brekhus, "Social Marking and the Mental Coloring of Identity: Sexual Identity Construction and Maintenance in the United States," *Sociological Forum* 11(1996), 497-522。

22 Goffman, "Fun in Games," 19-26; Goffman, *Frame Analysis*, 201-46.

23 請參見：Kristen Purcell, "In a League of Their Own: Mental Leveling and the Creation of Social Comparability in Sport," *Sociological Forum* 11(1996), 435-56。

24 Zygmunt Bauman, *Modernity and the Holocaust* (Ithaca, NY: Cornell University Press, 2000 [1989]), 100-101; Zerubavel, *The Fine Line*, 59.

25 Alexander Mitscherlich and Margarete Mitscherlich, *The Inability to Mourn: Principles of Collective Behavior* (New York: Grove Press, 1975 [1967]), 91; Genesis 2:16-17.

26 Zerubavel, *Social Mindscapes*, 32.

27 Emile Durkheim, *The Elementary Forms of Religious Life* (New York: Free Press, 1995 [1912]), 308-9.

28 同前，309-10。

29 Thomas D. Beamish, *Silent Spill: The Organization of an Industrial Crisis* (Cambridge, MA: MIT Press, 2002), 66-70; Patricia Y. Martin and Robert A. Hummer, "Fraternities and Rape on Campus," *Gender and Society* 3 (1989), 463-64; Dominic Casciani, "How the Media Covered Up the Scandal," *BBC News* (World Edition), January 30, 2003, http://news.bbc.co.uk/2/hi/uk_news/2707571.stm; "Mrs. Simpson Had Secret Lover," CNN.com, January 30, 2003, www.cnn.com/2003/WORLD/europe/01/29/edward.files/; See also David Caute, *The Espionage of the Saints: Two Essays on Silence and the State* (London: Hamish Hamilton, 1986), ix; Stanley Cohen, *States of Denial: Knowing about Atrocities and Suffering* (Cambridge: Polity, 2001), 66.

30 Ruth Wajnryb, *The Silence: How Tragedy Shapes Talk* (Crows Nest, Australia: Allen & Unwin, 2001), 246.

31 Mark Jordan, *The Silence of Sodom: Homosexuality in Modern Catholicism* (Chicago: University of Chicago Press, 2000), 16.

32 George Orwell, *Nineteen Eighty-Four* (New York: New American Library, 1961 [1949]), 252.

33 Michel Foucault, *The History of Sexuality* (New York: Pantheon, 1978 [1976]), vol. 1, 17. See also 3-5.

34 Robert J. Lifton, *The Nazi Doctors: Medical Killing and the Psychology of Genocide* (New York: Basic Books, 1986), 445-46. See also Robert J. Lifton, "Imagining the Real," in Robert J. Lifton and Richard Falk (eds.), *Indefensible Weapons: The Political and Psychological Case against Nuclearism* (New York: Basic Books, 1982), 107.

35 Robert M. Adams, "Soft Soap and the Nitty-Gritty," in D. J. Enright (ed.), *Fair of Speech: The Uses of*

Euphemism (Oxford: Oxford University Press, 1985), 48.

36 Penelope Brown and Stephen C. Levinson, *Politeness: Some Universals in Language Use* (Cambridge: Cambridge University Press, 1987 [1978]), 70.

37 請參見：Barney G. Glaser and Anselm L. Strauss, *Awareness of Dying* (Chicago: University of Chicago Press, 1965), 39, 67-68, 78; Judith Martin, *Miss Manners' Guide for the Turn-of-the-Millennium* (New York: Fireside, 1990), 95-99。

38 Martin, *Miss Manners' Guide for the Turn-of-the-Millennium*, 100. See also 94-95, 106-13, 562-63; Erving Goffman, *The Presentation of Self in Everyday Life*, 229.

39 Rachelle Germana, "Domestic Violence: A Cognitive Approach" (Rutgers University, Department of Sociology, 2002).

40 Goffman, *Behavior in Public Places*, 84-87. See also Goffman, *The Presentation of Self in Everyday Life*, 230; Goffman, "Fun in Games," 63.

41 Lily Pincus and Christopher Dare, *Secrets in the Family* (New York: Pantheon Books, 1978), 145. See also Martin, *Miss Manners' Guide for the Turn-of-the-Millennium*, 147.

42 Hans-Georg Gadamer, *Truth and Method* (New York: Crossroad, 1975 [1960]), 16-17.

43 請參見：Barry Schwartz, "Vengeance and Forgiveness: The Uses of Beneficence in Social Control," *School Review* 86 (1978), 655-68; Charles L. Bosk, *Forgive and Remember: Managing Medical Failure* (Chicago: University of Chicago Press, 1979), 177-81; Frederick B. Bird, *The Muted Conscience: Moral Silence and the Practice of Ethics in Business* (Westport, CT: Quorum Books, 1996), 120-21; Eviatar Zerubavel, *Time Maps: Collective Memory and the Social Shape of the Past* (Chicago: University of Chicago Press, 2003), 93-95。

44 Goffman, "Fun in Games," 56; Goffman, *Behavior in Public Places*, 84; François Truffaut, *Stolen Kisses*. See also

Martin S. Weinberg, "Sexual Modesty, Social Meanings, and the Nudist Camp," *Social Problems* 12 (1965), 311-18.

45 Goffman, "Fun in Games," 55; Goffman, *The Presentation of Self in Everyday Life*, 231. See also Erving Goffman, "On Face Work: An Analysis of Ritual Elements in Social Interaction," in *Interaction Ritual: Essays on Face-to-Face Behavior* (Garden City, NY: Doubleday Anchor, 1967 [1955]), 18.

46 Mica Pollock, *Colormute: Race Talk Dilemmas in an American School* (Princeton, NJ: Princeton University Press, 2004).

47 Robin E. Sheriff, "Exposing Silence as Cultural Censorship: A Brazilian Case," *American Anthropologist* 102 (2000), 114-32.

第 3 章　權力，讓我們閉嘴

1 Luigi Pirandello, *Tonight We Improvise* (New York: Samuel French, 1960 [1932]).

2 更深入的相關討論，請參見：Eviatar Zerubavel, *The Fine Line: Making Distinctions in Everyday Life* (Chicago: University of Chicago Press, 1993 [1991]), 108-12。

3 Johanna Foster, "Condom Negotiation and the Politics of Relevance" (Rutgers University, Department of Sociology, 1995).

4 請參見：Robin E. Sheriff, "Exposing Silence as Cultural Censorship: A Brazilian Case," *American Anthropologist* 102 (2000), 114。

5 I. F. Stone, "It Pays To Be Ignorant," *New York Review of Books*, August 9, 1973, 6-8. See also Stanley Cohen, *States of Denial: Knowing about Atrocities and Suffering* (Cambridge: Polity, 2001), 68; Dan Ryan, "Getting the Word Out: Notes on the Social Organization of Notification," *Sociological Theory*, forthcoming.

6 請參見：Eviatar Zerubavel, *Social Mindscapes: An Invitation to Cognitive Sociology* (Cambridge, MA: Harvard University Press, 1997), 18-19。

7 請參見：Ruth Wajnryb, *The Silence: How Tragedy Shapes Talk* (Crows Nest, Australia: Allen & Unwin, 2001), 6。

8 Elisabeth Bumiller and Patrick E. Tyler, "Putin Questions U.S. Terror Allies," *New York Times*, November 23, 2002, Al.

9 Michael Moore, "A Letter to George W. Bush on the Eve of War," *AlterNet.Org*, March 17, 2003, http://72.14.207.104/search?q=cache:T-1hmuwkCmUJ;www.alternet.org/story.html%3FStoryID%3D15406+%22A+ Letter+to+George+W.+Bush+on+the+Eve+of+War%22&hl=en; Dan Pletch, "Weapons of Mass Distraction: President Bush Wouldn't Want to Talk about the Many Issues which the Iraq Crisis Is Obscuring," *Observer Worldview*, September 29, 2002, www.observer.co.uk/worldview/story/0,11581,800486,00.html; Maureen Dowd, "Yo, Ayatollahs!" *New York Times*, May 25, 2003, section 4, 9. See also François Truffaut, *Hitchcock* (New York: Touchstone, 1985 [1983]), 138-39.

10 請參見：Zerubavel, *Social Mindscapes*, 97; Eviatar Zerubavel, *Time Maps: Collective Memory and the Social Shape of the Past* (Chicago: University of Chicago Press, 2003), 4。

11 Bernard C. Cohen, *The Press and Foreign Policy* (Princeton: Princeton University Press, 1963), 13 [emphasis added]. See also Timur Kuran, *Private Truths, Public Lies: The Social Consequences of Preference Falsification* (Cambridge, MA: Harvard University Press, 1995), 187.

12 例如：Maxwell E. McCombs and Donald L. Shaw, "The Agenda-Setting Function of Mass Media," *Public Opinion Quarterly* 36 (1972), 176-87; Herbert J. Gans, *Deciding What's News: A Study of CBS Evening News, NBC Nightly News, Newsweek, and Time* (New York: Random House, 1979); Eric Klinenberg, *Heat Wave: A*

Social Autopsy of Disaster in Chicago (Chicago: University of Chicago Press, 2002), 190-224。

13 例如：Joshua Meyrowitz, "The Press Rejects a Candidate," *Columbia Journalism Review*, March/April 1992, 46-47。

14 Mark Fishman, "Crime Waves as Ideology," *Social Problems* 25 (1978), 531-43. See also Anthony Downs, "Up and Down with Ecology: The 'Issue-Attention Cycle,'" *The Public Interest* 28 (1972), 38-39.

15 Arthur L. Stinchcombe, *Constructing Social Theories* (New York: Harcourt, Brace & World, 1968), 243; Zerubavel, *Time Maps*, 106.

16 Zerubavel, *Social Mindscapes*, 17. See also Thomas E. DeGloma, "Memory and the Cognitive Masking of Child Sex Abuse: Framing and Cognitive Asymmetries of Power in the Family," presented at the annual meeting of the American Sociological Association, Atlanta, August 2003.

17 Arthur Koestler, *The Act of Creation* (New York: Macmillan, 1964), 105-44, 230-33; Jonathan Miller, *The Body in Question* (New York: Random House, 1978); Mattei Dogan and Robert Pahre, *Creative Marginality: Innovation at the Intersections of the Social Sciences* (Boulder, CO: Westview, 1990); Zerubavel, *The Fine Line*, 117; Eviatar Zerubavel, "The Rigid, the Fuzzy, and the Flexible: Notes on the Mental Sculpting of Academic Identity," *Social Research* 62 (1995), 1097-98.

18 Stone, "It Pays To Be Ignorant," 7. See also Elaine Sciolino and Neil MacFarquhar, "Naming of Hijackers as Saudis May Further Erode Ties to U.S.," *New York Times*, October 25, 2001, B4.

19 Elmer Luchterhand, "Knowing and Not Knowing: Involvement in Nazi Genocide," in Paul Thompson (ed.), *Our Common History: The Transformation of Europe* (Atlantic Highlands, NJ: Humanities Press, 1982), 263; Claude Lanzmann, *Shoah: An Oral History of the Holocaust* (New York: Pantheon, 1985), 26, 97; Gordon J. Horwitz, *In the Shadow of Death: Living Outside the Gates of Mauthausen* (New York: Free Press, 1990), 27, 32,

112, 175.

20 Michael Taussig, *Defacement: Public Secrecy and the Labor of the Negative* (Stanford: Stanford University Press, 1999), 6. See also 50.

21 David Bankier, *The Germans and the Final Solution: Public Opinion under Nazism* (Oxford: Blackwell, 1992), 104-15, 131-32; Luchterhand, "Knowing and Not Knowing," 255; Cohen, *States of Denial*, xii. See also Frank Graziano, *Divine Violence: Spectacle, Psychosexuality, and Radical Christianity in the Argentine"Dirty War"* (Boulder, CO: Westview, 1992), 79, 255-56.

22 Horwitz, *In the Shadow of Death*, 35. See also 36-37, 92-93, 96.

23 同前，94 [emphasis added]。See also Martin Amis, *Koba the Dread: Laughter and the Twenty Million* (New York: Hyperion, 2002), 39。

24 Zali Gurevitch, "Dialectical Dialogue: The Struggle for Speech, Repressive Silence, and the Shift to Multiplicity," *British Journal of Sociology* 52 (2001), 93; Adam Jaworski, *The Power of Silence: Social and Pragmatic Perspectives* (Newbury Park, CA: Sage, 1993), 135; George Orwell, *Nineteen Eighty-Four* (New York: New American Library, 1961 [1949]), 122. See also Graziano, *Divine Violence*, 255-56; Luchterhand, "Knowing and Not Knowing," 262; Horwitz, *In the Shadow of Death*, 114; Peter Haidu, "The Dialectics of Unspeakability: Language, Silence, and the Narratives of Desubjectification," in Saul Friedlander (ed.), *Probing the Limits of Representation: Nazism and the"Final Solution"* (Cambridge, MA: Harvard University Press, 1992), 277-99; Dariusz Tolczyk, *See No Evil: Literary Cover-Ups and Discoveries of the Soviet Camp Experience* (New Haven, CT: Yale University Press, 1999), 180-83; Cohen, *States of Denial*, 154.

25 Georg Simmel, "The Secret and the Secret Society," in Kurt H. Wolff (ed.), *The Sociology of Georg Simmel* (New York: Free Press, 1950 [1908]), 307-76; Sissela Bok, *Secrets: On the Ethics of Concealment and Revelation* (New

York: Vintage Books, 1989 [1983]).

26 Jeffrey Gettleman, "Thurmond Family Struggles with Difficult Truth," *New York Times*, December 20, 2003, A13.

27 Laurie Goodstein, "Lawyer for Church Says He Hid His Own Sexual Abuse by Priest,"*New York Times*, November 25, 2003, Al.

28 "Ending Legal Secrecy," *New York Times*, September 5, 2002, A22.

29 同前。亦請參見：Thomas Farragher, "Church Cloaked in Culture of Silence," *Boston Globe*, February 24, 2002, www.pulitzer.org/year/2003/public-service/works/globe9.html。

30 Walter V. Robinson, "Scores of Priests Involved in Sex Abuse Cases: Settlements Kept Scope of Issue Out of Public Eye," *Boston Globe*, January 31, 2002, www.pulitzer.org/year/2003/public-service/works/globe5.html

31 請參見：Adam Liptak, "South Carolina Judges Voted to Ban Secret Court Settlements," *New York Times*, September 2, 2002, Al;"Ending Legal Secrecy."。

32 Alice M. Earle, *Curious Punishments of Bygone Days* (Chicago: Herbert F. Stone & Co., 1896), 96-101.

33 Pat Conroy, *The Prince of Tides* (New York: Bantam, 2002 [1986]), 500.

34 Eviatar Zerubavel, *Terra Cognita: The Mental Discovery of America* (New Brunswick, NJ: Rutgers University Press, 1992), 89-90.

35 The Office of the Independent Counsel, "Referral to the United States House of Representatives Pursuant to Title 28, United States Code, § 595(C)" [also known as "The Starr Report"], #731-59, *New York Times*, September 12, 1998, B7. See also David E. Sanger, "Lewinsky Was Familiar Face to Agents near Clinton's Door," *New York Times*, September 13, 1998, National Section, 35.

36 Hans Christian Andersen, "The Emperor's New Clothes," in *The Complete Fairy Tales and Stories* (Garden City,

NY: Doubleday, 1974 [1836]), 77.

37 請參見：Tamar Cohen, "Incest: On Keeping the Secret," in Hanna Herzog and Kineret Lahad (eds.), *Knowing and Remaining Silent: Mechanisms of Silencing and Denial in Israeli Society* (Jerusalem: Van Leer Institute, forthcoming)。

第4章　盡在不言中的「你不說，我不問」

1 Eviatar Zerubavel, "The Elephant in the Room: Notes on the Social Organization of Denial," in Karen A. Cerulo (ed.), *Culture in Mind: Toward a Sociology of Culture and Cognition* (New York: Routledge, 2002), 25.

2 Robin E. Sheriff, "Exposing Silence as Cultural Censorship: A Brazilian Case," *American Anthropologist* 102 (2000), 114. See also I. F. Stone, "It Pays To Be Ignorant," *New York Review of Books*, August 9, 1973, 8; Stanley Cohen, *States of Denial: Knowing about Atrocities and Suffering* (Cambridge: Polity, 2001), 64-65, 125; Donald Cozzens, *Sacred Silence: Denial and the Crisis in the Church* (Collegeville, MN: The Liturgical Press, 2002), 41.

3 Frederick B. Bird, *The Muted Conscience: Moral Silence and the Practice of Ethics in Business* (Westport, CT: Quorum Books, 1996), 191, 194.

4 David E. Sanger, "Lewinsky Was Familiar Face to Agents near Clinton's Door," *New York Times*, September 13, 1998, National Section, 35.

5 Stephen J. Dubner, "Steven the Good," *New York Times*, February 14, 1999, section 6, 38.

6 Jan E. Lewis, "The White Jeffersons," in Jan E. Lewis and Peter S. Onuf (eds.), *Sally Hemings and Thomas Jefferson: History, Memory, and Civic Culture* (Charlottesville: University Press of Virginia, 1999), 154; Erving Goffman, *The Presentation of Self in Everyday Life* (Garden City, NY: Doubleday Anchor, 1959), 234-37; Erving Goffman, "On Face Work: An Analysis of Ritual Elements in Social Interaction," in *Interaction Ritual: Essays on*

Face-to-Face Behavior (Garden City, NY: Doubleday Anchor, 1967 [1955]), 29; Raymond Geuss, *Public Goods, Private Goods* (Princeton, NJ: Princeton University Press, 2001), 13-14.

7 Gordon J. Horwitz, *In the Shadow of Death: Living Outside the Gates of Mauthausen* (New York: Free Press, 1990), 175. See also Derrick Jensen, *A Language Older Than Words* (New York: Context Books, 2000), 347.

8 Dan Bar-On, *Legacy of Silence: Encounters with Children of the Third Reich* (Cambridge, MA: Harvard University Press, 1989), 328; Ruth Wajnryb, *The Silence: How Tragedy Shapes Talk* (Crows Nest, Australia: Allen & Unwin, 2001), 32, 265; Martin Goldsmith, *The Inextinguishable Symphony: A True Story of Music and Love in Nazi Germany* (New York: John Wiley & Sons, 2000), 2. See also Nadine Fresco, "Remembering the Unknown," *International Review of Psycho-Analysis* 11(1984), 418.

9 Mark Jordan, *The Silence of Sodom: Homosexuality in Modern Catholicism* (Chicago: University of Chicago Press, 2000), 90, 107.

10 Barney G. Glaser and Anselm L. Strauss, *Awareness of Dying* (Chicago: University of Chicago Press, 1965), 125, 67; Daniel Goleman, *Vital Lies, Simple Truths: The Psychology of Self-Deception* (New York: Touchstone Books, 1986), 157; Cohen, *States of Denial*, 66; Diane Vaughan, *Uncoupling: Turning Points in Intimate Relationships* (New York: Oxford University Press, 1986), 64, 76-78. See also Dan Bar-On, *The Indescribable and the Undiscussable: Reconstructing Human Discourse after Trauma* (Budapest: Central European University Press, 1999), 162.

11 Philip Vellacott, *Sophocles and Oedipus: A Study of Oedipus Tyrannus with a New Translation* (Ann Arbor: University of Michigan Press, 1971), 24-25, 115-17, 156-57, 163, 171, 173, 185-86, 220, 224. See also John Steiner, "Turning a Blind Eye: The Cover Up for Oedipus," *International Review of Psycho-Analysis* 12 (1985), 165-66, 168; John Steiner, *Psychic Retreats: Pathological Organisations in Psychotic, Neurotic, and Borderline*

Patients (London: Routledge, 1993), 120-21; Noam Zerubavel, "Allegorical Recognition of Truth and Identity in *Oedipus Rex*" (Columbia University, 2003).

12 Kathleen Gerson, personal communication.

13 Randy Shilts, *And the Band Played On: Politics, People, and the AIDS Epidemic* (New York: St. Martin's Press, 1987); Kathryn Harrison, *The Kiss* (New York: Avon Books, 1997), 117.

14 Elizabeth W. Morrison and Frances J. Milliken, "Organizational Silence: A Barrier to Change and Development in a Pluralistic World," *Academy of Management Review* 25 (2000), 721. See also 722; Chris Argyris, "Skilled Incompetence," *Harvard Business Review*, September-October 1986, 76.

15 Jordan, *The Silence of Sodom*, 87. See also Sissela Bok, *Secrets: On the Ethics of Concealment and Revelation* (New York: Vintage Books, 1989 [1983]), xiii.

16 Fred C. Alford, *Whistleblowers: Broken Lives and Organizational Power* (Ithaca, NY: Cornell University Press, 2001), 20-21.

17 Ronald D. Laing, "The Politics of the Family," in *The Politics of the Family and Other Essays* (New York: Pantheon Books, 1971 [1969]), 99-100, 106, 115; Goleman, *Vital Lies, Simple Truths*, 234; George Orwell, *Nineteen Eighty-Four* (New York: New American Library, 1961 [1949]), 33, 150.

18 Hans Christian Andersen, "The Emperor's New Clothes," in *The Complete Fairy Tales and Stories* (Garden City, NY: Doubleday, 1974 [1836]), 81.

19 Georg Simmel, "The Secret and the Secret Society," in Kurt H. Wolff (ed.), *The Sociology of Georg Simmel* (New York: Free Press, 1950 [1908]), 332; Eviatar Zerubavel, "Personal Information and Social Life," *Symbolic Interaction* 5, no. 1 (1982), 101-02.

20 Cohen, *States of Denial*, 15-18, 68-75, 140-67. See also Georg Simmel, "Quantitative Aspects of the Group," in

Kurt H. Wolff, *The Sociology of Georg Simmel* (New York: Free Press, 1950 [1908]), 135-36, 145-69.

21 請參見：Bibb Latané and John M. Darley, *The Unresponsive Bystander: Why Doesn't He Help?* (New York: Appleton-Century-Crofts, 1970); Pavel Machotka et al., "Incest as a Family Affair," *Family Process* 6 (1967), 99-100; Dan Bar-On, *The Indescribable and the Undiscussable: Reconstructing Human Discourse after Trauma* (Budapest: Central European University Press, 1999), 199。

22 請參見：Solomon E. Asch, "Studies of Independence and Conformity: A Minority of One against a Unanimous Majority," *Psychological Monographs* 70 (1956), #9 (whole no. 416); Muzafer Sherif and Carolyn W. Sherif, *Social Psychology* (New York: Harper and Row, 1969), 70-72, 119-21, 202-10; Robert B. Cialdini, *Influence: Science and Practice* (New York: HarperCollins, 1993), 94-133。

23 Henrik Ibsen, "An Enemy of the People," in *Six Plays by Henrik Ibsen* (New York: The Modern Library, 1957 [1882]), 225. See also 226-27.

24 Ethel M. Albert, "Culture Patterning of Speech Behavior in Burundi," in John J. Gumperz and Dell Hymes (eds.), *Directions in Sociolinguistics: The Ethnography of Communication* (New York: Holt, Rinehart and Winston, 1972), 91; Morrison and Milliken, "Organizational Silence," 706. See also Nina Eliasoph, *Avoiding Politics: How Americans Produce Apathy in Everyday Life* (Cambridge: Cambridge University Press, 1998).

25 請參見：Auguste Comte, *Cours de Philosophie Positive*, in Gertrud Lenzer (ed.), *Auguste Comte and Positivism: The Essential Writings* (New York: Harper Torchbooks, 1975 [1830-42]), 263-97。

26 Andersen, "The Emperor's New Clothes," 79. See also Helen S. Perry, "Selective Inattention as an Explanatory Concept for U.S. Public Attitudes toward the Atomic Bomb," *Psychiatry* 17 (1954), 226.

27 Paul Simon, "The Sound of Silence," 1964.

28 Bird, *The Muted Conscience*, 51. See also Stanley Milgram, *Obedience to Authority: An Experimental View* (New

York: Harper and Row, 1974), 149; Zygmunt Bauman, *Modernity and the Holocaust* (Ithaca, NY: Cornell University Press, 2000 [1989]), 158.

29 Rudolf Flesch, *The New Book of Unusual Quotations* (New York: Harper and Row, 1966), 349-50 [emphasis added]; Kathleen D. Ryan and Daniel K. Oestreich, *Driving Fear Out of the Office: How To Overcome the Invisible Barriers to Quality, Productivity, and Innovation* (San Francisco: Jossey-Bass, 1991), 30; Jane Smiley, *A Thousand Acres* (New York: Fawcett Columbine, 1991).

30 Goldsmith, *The Inextinguishable Symphony*, 2.

第5章　第四隻猴子出現了！

1 *New Yorker*, August 2, 1976, 19.

2 請參見：Judith L. Herman, *Trauma and Recovery* (New York: BasicBooks, 1992), 1。

3 關於烘衣機，請參見：Ronald G. Klietsch, "Clothes-line Patterns and Covert Behavior," *Journal of Marriage and the Family* 27 (1965), 78-80。

4 Aleksandr Solzhenitsyn, *One Day in the Life of Ivan Denisovich* (New York: Praeger, 1963 [1962]); Benny Morris, *The Birth of the Palestinian Refugee Problem*, 1947-1949 (New York: Cambridge University Press, 1987). See also Yitzhak Laor, "We Write You, Homeland," in *Narratives with No Natives: Essays on Israeli Literature* (Tel Aviv: Hotzaat Hakibbutz Hameuchad, 1995), 133.

5 Donald Cozzens, *Sacred Silence: Denial and the Crisis in the Church* (Collegeville, MN: The Liturgical Press, 2002), 6, 8; Shoshana Felman and Dori Laub (eds.), *Testimony: Crises of Witnessing in Literature, Psychoanalysis, and History* (New York: Routledge, 1992); Helena Roche, *The Addiction Process: From Enabling to Intervention* (Deerfield Beach, FL: Health Communications, 1990). See also Robert K. White, "Family Intervention:

Background, Principles, and Other Strategies," in Robert K. White and Deborah G. Wright (eds.), *Addiction Intervention: Strategies to Motivate Treatment-Seeking Behavior* (New York: Haworth Press, 1998), 12; Stanley Cohen, *States of Denial: Knowing about Atrocities and Suffering* (Cambridge: Polity, 2001), 222-77.

6 Larry Gross, *Contested Closets: The Politics and Ethics of Outing* (Minneapolis: University of Minnesota Press, 1993); Warren Johansson and William A. Percy, *Outing: Shattering the Conspiracy of Silence* (Binghamton, NY: Haworth Press, 1994); Lynette Clemetson, "Proposed Marriage Ban Splits Washington's Gays," *New York Times*, July 25, 2004, A17.

7 Rolf Hochhuth, *The Deputy* (New York: Grove Press, 1964 [1963]).

8 關於社會生活的「內幕」部分，請參見：Erving Goffman, *The Presentation of Self in Everyday Life* (Garden City, NY: Doubleday Anchor, 1959), 112-40。

9 請參見：Herbert Fingarette, *Self-Deception* (London: Routledge & Kegan Paul, 1969), 39-51; Alina Kwiatkowska, "Silence across Modalities," in Adam Jaworski (ed.), *Silence: Interdisciplinary Perspectives* (Berlin and New York: Mouton de Gruyter, 1997), 330; Dan Bar-On, *The Indescribable and the Undiscussable: Reconstructing Human Discourse after Trauma* (Budapest: Central European University Press, 1999), 165; Larraine Segil, *Dynamic Leader, Adaptive Organization: Ten Essential Traits for Managers* (New York: John Wiley & Sons, 2002), 125。

10 Cohen, *States of Denial*, 251; Barbie Zelizer, *Remembering to Forget: Holocaust Memory through the Camera's Eye* (Chicago: University of Chicago Press, 1998), 136-37. See also Segil, *Dynamic Leader, Adaptive Organization*, 3-4, 125.

11 Genesis 3: 5-7.

12 Nurit Wurgaft, "She Turns On the Mike and Lifts Up the Rug," *Haaretz*, May 31, 2004, www.haaretz.com/hasen/pages/ ShArt.jhtml?itemNo=431602&contrassID=2&subContrassID=20&sbSub

ContrassID=0&listSrc=Y; See also Jill Wagner, "Arab Talk Radio Host Seeks To Break Taboos," *MSNBC News* (online edition), July 22, 2004, http://thejuice.msnbc. com/id/5466283

13 "Moore Fires Oscar Anti-War Salvo," March 24, 2003, http://news.bbc.co.uk/1/hi/entertainment/film/2879857.stm

14 例如：Kathryn Harrison, *The Kiss* (New York: Avon Books, 1997); Boston Women's Health Book Collective, *Our Bodies, Ourselves: A Book by and for Women* (New York: Simon and Schuster, 1973); Irshad Manji, *The Trouble with Islam: A Muslim's Call for Reform in Her Faith* (Toronto: Random House of Canada, 2003); Hanna Naveh, "The Marital Bed," in Hanna Herzog and Kineret Lahad (eds.), *Knowing and Remaining Silent: Mechanisms of Silencing and Denial in Israeli Society* (Jerusalem: Van Leer Institute, forthcoming); Harold Garfinkel, "Studies of the Routine Grounds of Everyday Activities," in *Studies in Ethnomethodology* (Englewood Cliffs, NJ: Prentice-Hall, 1967 [1964]), 35-75; Eviatar Zerubavel, *The Seven-Day Circle: The History and Meaning of the Week* (Chicago: University of Chicago Press, 1989 [1985]); Wayne Brekhus, "A Sociology of the Unmarked: Redirecting Our Focus," *Sociological Theory* 16 (1998), 34-51; Eric Klinenberg, *Heat Wave: A Social Autopsy of Disaster in Chicago* (Chicago: University of Chicago Press, 2002)。

15 Nadine Fresco, "Remembering the Unknown," *International Review of Psycho-Analysis* 11(1984), 419; Betty Friedan, *The Feminine Mystique* (New York: W. W. Norton, 1963), 15; *Nightline*, April 30, 2004; "Clinton's 'Hunker-Down' Strategy Holds: President Sidesteps Most Things Lewinsky at Press Conference with U.K.'s Blair," www.cnn.com/ALLPOLITICS/1998/02/06/clinton.blair.presser; "President Bill Clinton, Prime Minister Tony Blair Joint News Conference—Feb. 6, 1998," www.cnn.com/ALLPOLITICS/1998/02/06/transcripts/clinton; See also Tamar Katriel, *Talking Straight: Dugri Speech in Israeli Sabra Culture* (Cambridge: Cambridge University Press, 1986); Brekhus, "A Sociology of the Unmarked," 35-36.

16 www.arlingtonwestfilm.com See also www.breakingthesilence.org.il/index_en.asp

17 *The Daily Show with Jon Stewart*, July 28, 2003.

18 Fritz K. M. Hillenbrandt, *Underground Humour in Nazi Germany 1933-1945* (London: Routledge, 1995), 11. See also the cartoon on 37.

19 請參見：Marguerite G. Bouvard, *Revolutionizing Motherhood: The Mothers of the Plaza de Mayo* (Wilmington, DE: Scholarly Resources Inc., 1994)。

20 請參見：Kanan Makiya, *Cruelty and Silence: War, Tyranny, Uprising, and the Arab World* (New York: W. W. Norton, 1993), 25。

21 Vernon E. Johnson, *Intervention: How To Help Someone Who Doesn't Want Help* (Minneapolis, MN: Johnson Institute Books, 1986), 66. See also Vernon E. Johnson, *I'll Quit Tomorrow* (New York: Harper and Row, 1973), 50; Roche, *The Addiction Process*, 189, 193.

22 請參見：Malcolm Gladwell, *The Tipping Point: How Little Things Can Make a Big Difference* (New York: Little, Brown, and Co., 2000)。

23 *Time*, December 30, 2002-January 6, 2003, 59.

24 Jerry L. Avorn et al., *Up against the Ivy Wall: A History of the Columbia Crisis* (New York: Atheneum, 1969), 28 [emphasis added].

25 Hans Christian Andersen, "The Emperor's New Clothes," in *The Complete Fairy Tales and Stories* (Garden City, NY: Doubleday, 1974 [1836]), 81.

26 Cynthia Crossen, "Know Thy Father," *Wall Street Journal*, March 4, 1997, A16.

27 Alan F. Westin, "Introduction," in Alan F. Westin (ed.), *Whistle Blowing: Loyalty and Dissent in the Corporation* (New York: McGraw-Hill, 1981), 1-15; Myron P. Glazer and Penina M. Glazer, *The Whistleblowers: Exposing*

Corruption in Government and Industry (New York: Basic Books, 1989), 133-66; James M. Jasper, *The Art of Moral Protest: Culture, Biography, and Creativity in Social Movements* (Chicago: University of Chicago Press, 1997), 139; Joyce Rothschild and Terence D. Miethe, "Whistle-Blower Disclosures and Management Retaliation: The Battle to Control Information about Organization Corruption," *Work and Occupations* 26 (1999), 120; C. Fred Alford, *Whistleblowers: Broken Lives and Organizational Power* (Ithaca, NY: Cornell University Press, 2001), 18.

第6章　有些事，還是別說吧

1 Don Juan Manuel, "What Happened to the King and the Tricksters Who Made Cloth," in John E. Keller and L. Clark Keating (trans.), *The Book of Count Lucanor and Patronio* (Lexington: University Press of Kentucky, 1977 [1335]), 132.

2 請參見：Serge Moscovici, "Social Influence and Conformity," in Gardner Lindzey and Elliot Aronson (eds.), *Handbook of Social Psychology* (New York: Random House, 1985), vol. 2, 385-96; Thomas E. DeGloma, "'Safe Space' and Contested Memories: Survivor Movements and the Foundation of Alternative Mnemonic Traditions," presented at the "Spaces of Memory, Spaces of Violence" conference, New School University, New York, April 2004。

3 Eleonora Lev, "Lolita: Her Real Story," *Ha'aretz Literary Supplement*, October 7, 1998, 5 [emphasis added].

4 Michael Stohl, "Outside of a Small Circle of Friends: States, Genocide, Mass Killing and the Role of Bystanders," *Journal of Peace Research* 24 (1987), 159; John Lennon and Paul McCartney, "Strawberry Fields Forever," 1966. See also Kari M. Norgaard, "People Want To Protect Themselves A Little Bit: Emotions, Denial and Social Movement Non-Participation—The Case of Global Climate Change," presented at the annual

meeting of the American Sociological Association, Atlanta, August 2003.

5 請參見：Erving Goffman, "On Face Work: An Analysis of Ritual Elements in Social Interaction," in *Interaction Ritual: Essays on Face-to-Face Behavior* (Garden City, NY: Doubleday Anchor, 1967 [1955]), 5-45; Penelope Brown and Stephen C. Levinson, *Politeness: Some Universals in Language Use* (Cambridge: Cambridge University Press, 1987 [1978]); Linn Van Dyne et al., "Conceptualizing Employee Silence and Employee Voice as Multidimensional Constructs," *Journal of Management Studies* 40 (2003), 1368。

6 請參見：Eviatar Zerubavel, "Personal Information and Social Life," *Symbolic Interaction* 5, no. 1 (1982), 107; Chalda Maloff and Susan M. Wood, *Business and Social Etiquette with Disabled People: A Guide to Getting Along with Persons Who Have Impairments of Mobility, Vision, Hearing, or Speech* (Springfield, IL: Charles C. Thomas, 1988), 42, 88; Shoshana Felman and Dori Laub (eds.), *Testimony: Crises of Witnessing in Literature, Psychoanalysis, and History* (New York: Routledge, 1992), 83。

7 Chuck 45, "An Elephant in their Midst," October 9, 2000, www.thegully.com/essays/gaymundo/001009elephant.html; "Cheney's Daughter a Flash Point," *CBS News* (online edition), October 15, 2004, www.cbsnews.com/stories/2004/10/15/ politics/main649514.shtml

8 請參見：*Babylonian Talmud, Bava Mesia*, chap. 4, folio 59b [in Jacob Neusner (trans.) *The Talmud of Babylonia* (Atlanta: Scholars Press, 1990), vol. 21, part B, 157]; Ralph K. White et al., "Studies in Adjustment to Visible Injuries: Evaluation of Curiosity by the Injured," *Journal of Abnormal and Social Psychology* 43 (1948), 19; Thomas J. Bruneau, "Communicative Silences: Forms and Functions," *Journal of Communication* 23 (1973), 32; Erving Goffman, *Frame Analysis: An Essay on the Organization of Experience* (New York: Harper Colophon, 1974), 204; Judith Martin, *Miss Manners' Guide for the Turn-of-the-Millennium* (New York: Fireside, 1990), 306; Adam Jaworski, *The Power of Silence: Social and Pragmatic Perspectives* (Newbury Park, CA: Sage, 1993),

59-61。

9 請參見：Mary P. Baumgartner, *The Moral Order of a Suburb* (New York: Oxford University Press, 1988), 60-66, 73-82; Deborah Tannen, "Silence as Conflict Management in Fiction and Drama: Pinter's Betrayal and a Short Story, 'Great Wits,'" in Allen D. Grimshaw (ed.), *Conflict Talk: Sociolinguistic Investigations of Arguments in Conversations* (Cambridge: Cambridge University Press, 1990), 260-79。

10 請參見：Terence D. Miethe, *Whistleblowing at Work: Tough Choices in Exposing Fraud, Waste, and Abuse on the Job* (Boulder, CO: Westview, 1999), 11-12, 21-23。

11 Sanford Pinsker, "Art as Excess: The 'Voices' of Charlie Parker and Philip Roth," *Partisan Review* 69 (2002), 60; Jeffrey M. Masson, *The Assault on Truth: Freud's Suppression of the Seduction Theory* (New York: Farrar, Straus and Giroux, 1984), xv- xxiii; Christopher J. Farley, "What Bill Cosby Should Be Talking About," *Time* (online edition), June 3, 2004, www.time.com/time/nation/article/0,8599,645801,00.html [emphasis added]; www.filmstew.com/Content/details Printer.asp?ContentID=8896 [emphasis added].

12 請參見：Peter Faulkner, "Exposing Risks of Nuclear Disaster," in Alan F. Westin (ed.), *Whistle Blowing: Loyalty and Dissent in the Corporation* (New York: McGraw-Hill, 1981), 42; Sissela Bok, *Secrets: On the Ethics of Concealment and Revelation* (New York: Vintage Books, 1989 [1983]), 213- 14; W. Charles Redding, "Rocking Boats, Blowing Whistles, and Teaching Speech Communication," *Communication Education* 34(1985), 245-58; Jo Sprague and Gary L. Ruud, "Boat Rocking in the High-Technology Culture," *American Behavioral Scientist* 32 (1988), 169-93; Kathleen D. Ryan and Daniel K. Oestreich, *Driving Fear Out of the Office: How To Overcome the Invisible Barriers to Quality, Productivity, and Innovation* (San Francisco: Jossey-Bass, 1991), 43-44; Marcia P. Miceli and Janet P. Near, *Blowing the Whistle: The Organizational and Legal Implications for Companies and Employees* (New York: Lexington, 1992), 81-83。

13 Michel Foucault, *The History of Sexuality* (New York: Pantheon, 1978 [1976]), vol. 1, 6.

14 Czesław Miłosz, Nobel Prize acceptance speech, 1980. See http://nobelprize.org/literature/laureates/1980/miloszlecture-en.html

15 Sandra Butler, *Conspiracy of Silence: The Trauma of Incest* (San Francisco: Volcano Press, 1985), 142. See also Pavel Machotka et al., "Incest as a Family Affair," *Family Process* 6 (1967), 100.

16 Kate F. Hays, "The Conspiracy of Silence Revisited: Group Therapy with Adult Survivors of Incest," *Journal of Group Psychotherapy, Psychodrama, and Sociometry* 39 (1987), 143. See also Bok, *Secrets*, 309.

第7章　覺得孤獨嗎？也許是因為你的沉默

1 Nancy V. Raine, *After Silence: Rape and My Journey Back* (New York: Crown, 1998), 121 [emphasis added].

2 Kathryn Harrison, *The Kiss* (New York: Avon Books, 1997), 86.

3 同前，74 [emphasis added]。

4 Eviatar Zerubavel, *Social Mindscapes: An Invitation to Cognitive Sociology* (Cambridge, MA: Harvard University Press, 1997), 83-84. See also Thomas E. DeGloma, "Memory and the Cognitive Masking of Child Sex Abuse: Framing and Cognitive Asymmetries of Power in the Family," presented at the annual meeting of the American Sociological Association, Atlanta, August 2003.

5 Marion H. Typpo and Jill M. Hastings, *An Elephant in the Living Room: A Leader's Guide for Helping Children of Alcoholics* (Center City, MN: Hazelden, 1984), ii. See also 16.

6 佚名童謠，推測改編自詩人歐登·納許（Ogden Nash）的類似詩作。

7 Eric D. Lister, "Forced Silence: A Neglected Dimension of Trauma," *American Journal of Psychiatry* 139 (1982), 872- 76; Judith L. Herman, "Foreword," in Sandra Butler, *Conspiracy of Silence: The Trauma of Incest* (San

Francisco: Volcano Press, 1985), ix; Ruth Wajnryb, *The Silence: How Tragedy Shapes Talk* (Crows Nest, Australia: Allen & Unwin, 2001), 104, 191.

8 Gordon W. Allport, "Foreword," in Norman L. Farberow (ed.), *Taboo Topics* (New York: Atheling Books, 1966 [1963]), vi; Kathleen D. Ryan and Daniel K. Oestreich, *Driving Fear Out of the Office: How To Overcome the Invisible Barriers to Quality, Productivity, and Innovation* (San Francisco: Jossey-Bass, 1991), 31, 35, 185.

9 Hans Christian Andersen, "The Emperor's New Clothes," in *The Complete Fairy Tales and Stories* (Garden City, NY: Doubleday, 1974 [1836]), 79 [emphasis added].

10 George Orwell, *Nineteen Eighty-Four* (New York: New American Library, 1961 [1949]), 32.

11 Robert J. Lifton, *The Nazi Doctors: Medical Killing and the Psychology of Genocide* (New York: Basic Books, 1986), 203, 445. See also 442-47; Robert J. Lifton, "Imagining the Real," in Robert J. Lifton and Richard Falk (eds.), *Indefensible Weapons: The Political and Psychological Case against Nuclearism* (New York: Basic Books, 1982), 100-110; Arlie Hochschild, *The Managed Heart: Commercialization of Human Feeling* (Berkeley: University of California Press, 1983); Judith L. Herman, *Trauma and Recovery* (New York: Basic Books, 1992), 1; Robert J. Lifton and Greg Mitchell, *Hiroshima in America: Fifty Years of Denial* (New York: G. P. Putnam's Sons, 1995), 337-40; Derrick Jensen, *A Language Older Than Words* (New York: Context Books, 2000), 3.

12 Harrison, *The Kiss*, 75.

13 Zerubavel, *Social Mindscapes*, 6-8.

14 Thomas Mann, *The Magic Mountain* (New York: Vintage Books, 1969 [1924]), 518. See also Wajnryb, *The Silence*, 77-78.

15 Terry Kettering, "The Elephant in the Room."

16 Mark Jordan, *The Silence of Sodom: Homosexuality in Modern Catholicism* (Chicago: University of Chicago Press,

2000), 89; Betty Friedan, *The Feminine Mystique* (New York: W. W. Norton, 1963), 19.

17 例如：Sandra Butler, *Conspiracy of Silence: The Trauma of Incest* (San Francisco: Volcano Press, 1985), 8, 188-90; Raine, *After Silence*, 126; Susan J. Brison, *Aftermath: Violence and the Remaking of a Self* (Princeton, NJ: Princeton University Press, 2002), 51, 56-59, 98。

18 Pat Conroy, *The Prince of Tides* (New York: Bantam, 2002 [1986]), 500-501.

19 Kate F. Hays, "The Conspiracy of Silence Revisited: Group Therapy with Adult Survivors of Incest," *Journal of Group Psychotherapy, Psychodrama, and Sociometry* 39 (1987), 143-56; Brison, *Aftermath*, xi; Thomas E. DeGloma, "'Safe Space' and Contested Memories: Survivor Movements and the Foundation of Alternative Mnemonic Traditions," presented at the "Spaces of Memory, Spaces of Violence" conference, New School University, New York, April 2004.

20 Donald A. Bloch, "Foreword," in David S. Greenwald and Steven J. Zeitlin, *No Reason To Talk About It: Families Confront the Nuclear Taboo* (New York: W. W. Norton, 1987), viii [emphasis added].

21 Wajnryb, *The Silence*, 249. See also 46.

22 Terry Kettering, "The Elephant in the Room."

23 Dan Bar-On, *The Indescribable and the Undiscussable: Reconstructing Human Discourse after Trauma* (Budapest: Central European University Press, 1999), 158; Frederick B. Bird, *The Muted Conscience: Moral Silence and the Practice of Ethics in Business* (Westport, CT: Quorum Books, 1996), 141.

24 Bloch, "Foreword" to Greenwald and Zeitlin's *No Reason To Talk About It*, viii; Sylvia Fraser, *My Father's House: A Memoir of Incest and of Healing* (New York: Perennial Library, 1989 [1987]), 239-40. See also Bar-On, *The Indescribable and the Undiscussable*, 200-202, 210-15.

25 請參見：Chris Argyris, "Skilled Incompetence," *Harvard Business Review*, September-October 1986, 76; Jo

Sprague and Gary L. Ruud, "Boat Rocking in the High-Technology Culture," *American Behavioral Scientist* 32 (1988), 172; Ryan and Oestreich, *Driving Fear Out of the Office*, 36; Elizabeth W. Morrison and Frances J. Milliken, "Organizational Silence: A Barrier to Change and Development in a Pluralistic World," *Academy of Management Review* 25 (2000), 719; Larraine Segil, *Dynamic Leader, Adaptive Organization: Ten Essential Traits for Managers* (New York: John Wiley & Sons, 2002)。

26 Donald Cozzens, *Sacred Silence: Denial and the Crisis in the Church* (Collegeville, MN: The Liturgical Press, 2002), 62; Sissela Bok, *Secrets: On the Ethics of Concealment and Revelation* (New York: Vintage Books, 1989 [1983]), xv; Herman, *Trauma and Recovery*, 7-8; Kanan Makiya, *Cruelty and Silence: War, Tyranny, Uprising, and the Arab World* (New York: W. W. Norton, 1993), 287. See also Bird, *The Muted Conscience*, 49-53.

27 請參見：Judith L. Herman, *Father-Daughter Incest* (Cambridge, MA: Harvard University Press, 1981), 135; Jennifer J. Freyd, *Betrayal Trauma: The Logic of Forgetting Childhood Abuse* (Cambridge, MA: Harvard University Press, 1996), 162。

28 *Playgirl*, August 1978, 9.

29 A 1965 poem by Günter Kunert, in Wolfgang Mieder, *Tradition and Innovation in Folk Literature* (Hanover, NH: University Press of New England, 1987), 173. See also 174 as well as the political cartoons on 170-73.

30 James M. Jasper, *The Art of Moral Protest: Culture, Biography, and Creativity in Social Movements* (Chicago: University of Chicago Press, 1997), 139; Leonard R. Frank, (ed.). *Random House Webster's Quotationary* (New York: Random House, 1998), 788; Jacobo Timerman, *Prisoner Without a Name, Cell Without a Number* (New York: Alfred A. Knopf, 1981), 141. See also Makiya, *Cruelty and Silence*; Stanley Cohen, *States of Denial: Knowing about Atrocities and Suffering* (Cambridge: Polity, 2001).

31 請參見：David S. Greenwald and Steven J. Zeitlin, *No Reason To Talk about It: Families Confront the Nuclear*

Taboo (New York: W. W. Norton, 1987), 15; Mica Pollock, *Colormute: Race Talk Dilemmas in an American School* (Princeton, NJ: Princeton University Press, 2004), 170 ∘

32 Jon Entine, *Taboo: Why Black Athletes Dominate Sports and Why We're Afraid To Talk about It* (New York: PublicAffairs, 2000), 10.

33 Betsy Petersen, *Dancing with Daddy: A Childhood Lost and a Life Regained* (New York: Bantam, 1991), 57-58. On elephants' infamously foul smell, see Audrey Hudson, "Biologists' Roles in Lynx-Hair Fraud under Review," *Washington Times*, April 23, 2002; Segil, *Dynamic Leader, Adaptive Organization*, 3. See also the cartoon in Mike Peters, *The Nixon Chronicles* (Dayton, OH: Lorenz Press, 1976), 81.

34 Shamai Davidson, "The Clinical Effects of Massive Psychic Trauma in Families of Holocaust Survivors," *Journal of Marital and Family Therapy* 6 (1980), 14, 19; Sylvia Axelrod et al., "Hospitalized Offspring of Holocaust Survivors," *Bulletin of the Menninger Clinic* 44 (1980), 12; Bar-On, *The Indescribable and the Undiscussable*, 200-202, 210-15; Hadas Wiseman et al., "Parental Communication of Holocaust Experiences and Interpersonal Patterns in Offspring of Holocaust Survivors," *International Journal of Behavioral Development* 26 (2002), 371-81.

35 Pavel Machotka et al., "Incest as a Family Affair," *Family Process* 6 (1967), 113-15. See also Bloch, "Foreword" to Greenwald and Zeitlin's *No Reason To Talk About It*, vii; Jensen, *A Language Older Than Words*, 4.

36 *CBS News*, January 6, 2005, http://election.cbsnews.com/stories/2005/01/06/world/main665228.shtml

國家圖書館出版品預行編目（CIP）資料

房間裡的大象：日常生活中的緘默與縱容 / 伊唯塔．傑魯巴維 (Eviatar Zerubavel) 著；黃佳瑜譯. -- 二版. -- [臺北市]：早安財經文化有限公司，2022.02
面；　公分. -- (早安財經講堂；99)
譯自：The elephant in the room : silence and denial in everyday life.
ISBN 978-626-95694-0-3(平裝)

1.CST: 社會心理學

541.7　　　　111000118

早安財經講堂 99

房間裡的大象

日常生活中的緘默與縱容

The Elephant in the Room

Silence and Denial in Everyday Life

作　　者：伊唯塔．傑魯巴維 Eviatar Zerubavel
譯　　者：黃佳瑜
校　　對：呂佳真
封面設計：Bert.design
責任編輯：沈博思、劉詢
行銷企畫：楊佩珍、游荏涵

發　行　人：沈雲驄
發行人特助：戴志靜、黃靜怡
出版發行：早安財經文化有限公司
電話：(02) 2368-6840　傳真：(02) 2368-7115
早安財經網站：goodmorningpress.com
早安財經粉絲專頁：www.facebook.com/gmpress
沈雲驄說財經 podcast：linktr.ee/goodmoneytalk

郵撥帳號：19708033　戶名：早安財經文化有限公司
讀者服務專線：(02)2368-6840　服務時間：週一至週五 10:00~18:00
24 小時傳真服務：(02)2368-7115
讀者服務信箱：service@morningnet.com.tw

總　經　銷：大和書報圖書股份有限公司
電話：(02)8990-2588
製版印刷：中原造像股份有限公司
二版 1 刷：2022 年 2 月
二版 8 刷：2023 年 9 月

定　　價：360 元
I S B N：978-626-95694-0-3（平裝）

當我們眼見真相卻不發一語的那天，

就是我們開始死去的時候。